Martin Geiger

# Schneller als die Konkurrenz

Martin Geiger

# Schneller als die Konkurrenz

## Wettbewerbsvorteil Geschwindigkeit

Bibliografische Information der Deutschen Nationalbibliothek

Die Deutsche Nationalbibliothek verzeichnet diese Publikation in der Deutschen Nationalbibliografie; detaillierte bibliografische Daten sind im Internet über http://dnb.d-nb.de abrufbar.

ISBN 978-3-86936-703-3

Programmleitung: Ute Flockenhaus, GABAL Verlag
Lektorat: Susanne von Ahn, Hasloh
Umschlaggestaltung: Martin Zech Design, Bremen | www.martinzech.de
Umschlagfoto: raven/Fotolia
Satz und Layout: Lohse Design, Heppenheim | www.lohse-design.de
Druck und Bindung: Salzland Druck, Staßfurt
© 2016 GABAL Verlag, Offenbach

Alle Rechte vorbehalten. Vervielfältigung, auch auszugsweise, nur mit schriftlicher Genehmigung des Verlages.

www.gabal-verlag.de
www.twitter.com/gabalbuecher
www.facebook.com/Gabalbuecher

# Inhalt

Vorwort von Michael Rummenigge  8

## Setup
### Hintergrund und Entwicklung
Die unabdingbaren Voraussetzungen für den Erfolg unter veränderten Bedingungen  9

1. **Fast Forward**
   Wie Sie in kürzester Zeit das Maximale aus diesem Buch herausholen  11

2. **Willkommen im Geschwindigkeitszeitalter**
   Wie Geschwindigkeit uns prägt und warum Sie das Rennen gewinnen müssen  14

3. **Rückwärtsgang für Bergauf-Bremser**
   Abrechnung mit der Entschleunigung – und anderen überholten Mythen vom Burnout-Bullshit bis zum Work-Life-Märchen  28

4. **Mit Tempo 200 in die falsche Richtung**
   Auf Kollisionskurs – Grenzen und Gefahren der Geschwindigkeit  34

# Cockpit
## Persönliche Arbeitsmethodik
Die wichtigsten Steuerungsinstrumente zum Sieg 43

5. **Vorsicht, Tempolimit!**
   Was Sie daran hindert, richtig Fahrt aufzunehmen 45

6. **As soon as possible**
   So machen Sie Geschwindigkeit zu Ihrem Markenzeichen 55

7. **Durchbrechen Sie die Schallmauer**
   Wie Sie anders arbeiten können, um bessere Ergebnisse in der Hälfte der Zeit zu erzielen 69

# Pole Position
## Moderne Unternehmensführung
Der schnellste Weg an die Spitze 81

8. **Langsame Unternehmen scheitern schneller**
   Warum der zweitschnellste Schlüsseldienst verliert 83

9. **Wer bremst, verliert**
   Erfolgsfaktor Schnelligkeit – so schalten Sie den Turbo zu 98

10. **Die Magie der Geschwindigkeit**
    So handeln Sie in Lichtgeschwindigkeit 112

11. **Auf der Überholspur zum Erfolg**
    Wie Sie in Höchstgeschwindigkeit zum Wettbewerbsvorteil gelangen 129

12. **Per Autopilot zum Start-Ziel-Sieg**
    Wie Sie unfehlbare Systematik schneller und besser macht 144

# Boxengasse
## Toolbox und Anhang
Der vollständige Werkzeugkoffer für das Tempo-Tuning  159

13. **Speed-Booster**
    Welche Werkzeuge Ihnen helfen, richtig Fahrt aufzunehmen  161

14. **Blitzstart**
    So bringen Sie die PS auf die Straße  175

**Anmerkungen**  178

**Literaturverzeichnis**  180

**Stichwortverzeichnis**  182

**Danksagung**  184

**Über den Autor**  185

# Vorwort

Geschwindigkeit ist in der Karriere eines Profi-Fußballers einer der wichtigsten Faktoren. Bereits Zehntelsekunden können den Ausschlag geben, ob du für einen der großen Vereine spielst, höher dotierte Verträge erhältst oder herausragende Leistungen für deine Mannschaft erzielst. So war es auch bei mir. Daran hat sich nach meinem Wechsel in die Unternehmerlaufbahn nichts geändert. Auch heute kommt der Geschwindigkeit enorme Bedeutung zu. Sogar mehr denn je.

Martin Geiger spricht dieses Thema an. Humorvoll, aber direkt. Wir haben uns 2014 kennengelernt, als er einen Impuls-Vortrag vor Unternehmern in meiner Soccer-Halle in Münster hielt. Ich erinnere mich sogar noch an das genaue Datum – es war die Eröffnung der Fußballweltmeisterschaft.

Damals hörte ich zum ersten Mal, dass jemand das Thema Geschwindigkeit so klar auf den Punkt bringt und die Zuhörer damit nicht nur zum Lachen reizt, sondern auch nachdenklich macht und ihnen zugleich zahlreiche nützliche Impulse mit auf den Weg gibt, hier eigene Fähigkeiten zu entwickeln. Genauso, wie es ein guter Trainer vermag. Und er war schnell. Denn hätte ich den Anstoß zum Eröffnungsspiel verpasst, hätte ich dieses Vorwort sicher nicht verfasst.

Ich bin froh, dass dieses wichtige Thema nun auch in Buchform vorliegt und damit vielen Unternehmern dabei helfen wird, sich einen entscheidenden Vorsprung zu sichern. Viel Spaß beim Lesen und viel Erfolg in der höchsten Spielklasse des Unternehmertums!

# Setup

## Hintergrund und Entwicklung

Die unabdingbaren Voraussetzungen
für den Erfolg unter
veränderten Bedingungen

# 1. Fast Forward

## Wie Sie in kürzester Zeit das Maximale aus diesem Buch herausholen

*„Es ist nicht zu wenig Zeit, die wir haben,
sondern es ist zu viel Zeit, die wir nicht nutzen."*

LUCIUS ANNAEUS SENECA
(RÖMISCHER PHILOSOPH, 4 V. CHR. – 65 N. CHR.)

**Worum geht´s?**

- Wovon das Buch handelt
- Wie das Buch aufgebaut ist
- Wie Sie das Buch am besten nutzen

Ob es uns nun gefällt oder nicht: Unser Leben hat sich beschleunigt. Ein Phänomen, das sowohl unsere Gesellschaft als auch jeden Einzelnen betrifft. Zugleich bringt diese Entwicklung einen deutlichen, jedoch bislang kaum beachteten Nutzen auf zwei Ebenen mit sich:

- Eine auf persönlicher Ebene auf Schnelligkeit ausgerichtete Arbeitsmethodik führt zu effektiv mehr Lebensqualität.
- Auf unternehmerischer Ebene wird Geschwindigkeit im Wettlauf um neue Kunden zum alles entscheidenden Wettbewerbsvorteil.

Dieses Buch widmet sich beiden Bereichen. So gelingt es, beide Ansätze miteinander zu verbinden, um damit gleichzeitig Leistung und Lebensqualität zu steigern.

## Der How-to-Guide für erfolgreiche Temposteigerung

Ich möchte in diesem Buch innovativen Inhabern, Selbstständigen, Managern und Führungskräften eine neue Betrachtungsweise zeigen, damit sie den Tempo-Trend nicht nur verstehen, sondern ihn auch im eigenen Interesse zu nutzen.

**Der Fokus liegt auf Praxistauglichkeit**

Sie finden keine ausschweifenden theoretischen Abhandlungen, sondern bewährte und sofort anwendbare Tipps für Ihren unternehmerischen Alltag. Deshalb habe ich mich ausschließlich auf die Praxistauglichkeit meiner Empfehlungen konzentriert. Ich war ständig auf der Suche nach Unternehmen, die die hier behandelten Grundsätze erfolgreich praktizieren.

Immer wieder werde ich Ihnen konkrete Best-Practice-Beispiele liefern. Sie haben zwei Möglichkeiten: Entweder Sie nutzen deren Vorgehensweise, um sie auf Ihr Unternehmen zu übertragen, oder Sie lesen verwundert deren Strategie, um darauf mit den Worten zu reagieren: „Das funktioniert in meinem Geschäft beziehungsweise in unserer Branche nicht" – und alles beim Alten zu belassen. In diesem Fall ist es eine Frage der Zeit, bis Sie von anderen überholt werden.

**Vom „Know-how" zum „Do now"**

Doch nur wenn Sie vom „Know-how" zum „Do now" gelangen, erzielen Sie entsprechende Resultate. Das Buch soll Sie inspirieren. Es ist leicht zu lesen, aber aufregend und gewinnbringend anzuwenden. Sie werden am Ende mit echten Ergebnissen belohnt. Diese Ergebnisse stehen Ihnen direkt nach dem Lesen zur Verfügung. Sie lassen sich innerhalb weniger Wochen anwenden und nicht erst in ein paar Jahren. Vorausgesetzt, Sie finden genug Zeit, um alles zu lesen.

Deshalb hier mein Quick-Guide, damit Sie in kürzester Zeit das Maximale aus diesem Buch herausholen:

## Wie das Buch aufgebaut ist

Das Intro zu Beginn jedes Kapitels (Worum geht's?) bietet Ihnen eine erste Orientierung, was Sie auf den nachfolgenden Seiten erwartet. Nutzen Sie ferner die als „Praxis-Transfer" gekennzeichneten Hinweise und Beispiele zur unmittelbaren Umsetzung. Am Ende jedes Kapitels finden Sie zudem die wesentlichen Kernaussagen zusammengefasst (Take-aways).

**Wie Sie das Buch optimal einsetzen**

Das Buch gliedert sich in vier Bereiche: Im ersten Teil widmen wir uns dem Hintergrund und der Entwicklung der Geschwindigkeit. In Teil zwei betrachten wir, wie Sie Ihre persönliche Arbeitsmethodik mit einem Turboschub beschleunigen können, im dritten Teil geht es um Tempo für Ihr Unternehmen, das Ihnen deutliche Wettbewerbsvorteile verschaffen kann, und in der Tool-Box am Ende des Buches finden Sie die Werkzeuge, die Sie dabei unterstützen können.

Sofern Ihnen die Zeit fehlt, um das komplette Buch zu lesen, springen Sie einfach zu den Kapiteln 2 – „Willkommen im Geschwindigkeitszeitalter" (ab Seite 14), 6 – „As soon as possible" (ab Seite 55), 8 – „Langsame Unternehmen scheitern schneller" (ab Seite 83) und 10 – „Die Magie der Geschwindigkeit" (ab Seite 112). Wenn Sie lediglich diese Kapitel lesen, finden Sie darin bereits ein Bündel sofort anwendbarer Praxis-Transfers. Wenn Sie sich entschließen, „Schneller als die Konkurrenz" vollständig durchzuarbeiten, wird sich dies in Ihrem gesamten Privat- und Geschäftsleben dauerhaft positiv bemerkbar machen. Geschwindigkeit – richtig eingesetzt – ist in der Lage, die Lebensqualität zu steigern. Sowohl Ihre eigene als auch die Ihrer Kunden. Und lässt Sie das Rennen gewinnen. Denn daran teilnehmen müssen Sie sowieso.

Viel Erfolg dabei wünscht Ihnen

*„Geschwind gewinnt."*  DEUTSCHES SPRICHWORT

# 2. Willkommen im Geschwindigkeitszeitalter

Wie Geschwindigkeit uns prägt und warum Sie das Rennen gewinnen müssen

*„Wir haben die Epoche des Sekundenbruchteils erreicht. Dies ist zugleich die Geburtsstunde der Geschwindigkeit."*

JAMES GLEICK
(US-AMERIKANISCHER BUCHAUTOR, *1954)

## Worum geht´s?

- Welche gegenwärtigen Entwicklungen unser Zeitalter prägen
- Welchen aktuellen Herausforderungen unsere Gesellschaft gegenübersteht
- Welche Stufen eine Steigerung der Produktivität enthält

Jeden Morgen, wenn in Afrika über der Steppe die Sonne aufgeht, wacht die Gazelle auf. Sie weiß, sie muss heute schneller laufen als die langsamste Gazelle, wenn sie nicht gefressen werden will. Jeden Morgen, wenn in Afrika die Sonne aufgeht, wird auch der Löwe wach. Er weiß, er muss heute schneller sein als die langsamste Gazelle, wenn er nicht verhungern will. Daraus folgt: Es ist egal, ob du ein Löwe oder eine Gazelle bist – wenn über der Steppe die Sonne aufgeht, musst du rennen.

## Wir leben in rasanten Zeiten

Dauerte die Erschaffung der Erde noch einen ganzen Tag, hat unser Wirtschaftsleben mittlerweile das Tempo von Sekundenbruchteilen erreicht. Geschwindigkeit ist zum Maß aller Dinge geworden. Wir haben uns entschieden, mit Geschwindigkeit zu leben – bisweilen mehr, als uns lieb ist. Unser Umfeld hat sich derart beschleunigt, dass wir gezwungen sind, in Nanosekunden zu denken und zu handeln. Diese Beschleunigung beeinflusst inzwischen jeden Einzelnen. Wir sind ständig unter Strom und fortwährend in Eile, während wir versuchen, immer mehr in immer weniger Zeit zu erledigen.

Geschwindigkeit ist seit jeher das Kernelement jeglicher Modernisierung. Und wird damit heute mehr denn je zum entscheidenden Begriff unserer Epoche. Daten, Geld, Menschen, Märkte, Geschäfte – alles bewegt sich heute in mörderischem Tempo. Geschwindigkeit ist ein Teil unseres Lebens, der über Erfolg oder Misserfolg entscheiden kann. Betrachten Sie den rasanten Aufstieg einer Firma, können Sie sicher sein, dass eines der zugrunde liegenden Erfolgsgeheimnisse in deren Schnelligkeit besteht. Nicht die Großen fressen heute die Kleinen, sondern die Schnellen fressen die Langsamen. Ob uns dies nun gefällt oder nicht: Die Entwicklung schreitet immer schneller voran und niemand kann sich ihr entziehen. Dies fordert seinen Preis.

**Geschwindigkeit prägt unsere Epoche**

## Tempo ist faszinierend

Geschwindigkeit ist zugleich ein Grundbedürfnis der Menschen. Ein Faszinosum, das für Erfolg und Nervenkitzel steht. Nicht umsonst spricht man vom „Temporausch", dem man erliegen kann. Wenn Sebastian Vettel seiner Leidenschaft nachgeht, verschiebt er Stück für Stück die Grenzen menschlicher und technischer Leistungsfähigkeit – und lässt uns staunend zurück. Dass der Weltmeister der Formel 1 viele Bewunderer und Nachahmer hat, davon weiß man in Flensburg zu berichten. Jeder zehnte Bürger ist dort registriert. Dennoch hat der Mensch nicht genug vom Abenteuer Schnelligkeit: Im Oktober 2012 durchbrach Felix Baumgartner vor den verblüfften Augen eines Millionenpublikums als erster Mensch im freien Fall die Schallmauer.

**Absolute Geschwindigkeit**

Rein physikalisch ist Geschwindigkeit schnell definiert: Sie gibt an, welche Strecke ein Körper in einer bestimmten Zeit zurücklegt. Bisher ist nichts nachgewiesen, das schneller als das Licht ist. Mit knapp 300 000 000 Metern pro Sekunde erreicht es die absolute Geschwindigkeit.[1]

Steve Ballmer, ehemaliger Vorstandschef von Microsoft, kleidete anlässlich einer Entwicklerkonferenz seines Unternehmens das Motto unserer Zeit in eine einprägsame Formel: „Schneller! Schneller! Schneller! Schneller!"[2] Ballmer mag damit vorrangig die Entwicklung neuer Produkte oder die Geschwindigkeit von Betriebssystemen gemeint haben, doch kennzeichnet dieser Anspruch heute zugleich unser ganzes Leben und die damit verbundene Erwartungshaltung.

## „Work fast, play hard" – eine Lebenseinstellung

„Work fast, play hard" hat sich zur Lebenseinstellung entwickelt. Tatsächlich empfindet ein großer Teil der Menschheit ein Gefühl der Befriedigung angesichts erfolgreicher Hetze. Die Menschen lieben den Adrenalin-Kick. Der neue Sofort-Kult umfasst unser tägliches Leben – ob Instant-Kaffee oder Instant-Messaging. Unsere Gesellschaft läuft schneller, isst schneller, kommuniziert schneller und versucht, viele Dinge gleichzeitig zu machen (ein Konzept namens Multi-Tasking, das allerdings nachweislich weder für Männer noch für Frauen funktioniert).[3]

Wo immer Sie auch hinsehen, werden Sie Beispiele dafür finden, dass sich unsere Gesellschaft der Beschleunigung verschrieben hat: ob es sich um Maschinen, Produktzyklen, Kommunikation, Fortbewegung, Lieferzeiten, Internet oder Informationsverarbeitung handelt.

Besonders deutlich wird das Bedürfnis nach Tempo am Beispiel von Aufzügen: Wenn wir auf einen Aufzug warten, werden wir sehr schnell ungeduldig. Daher wurden aufgrund der enormen Nachfrage immer schnellere Aufzüge entwickelt. Ursprünglich legte ein Lift 0,2 Meter pro Sekunde zurück, heute schaffen die schnellsten Passagieraufzüge in Japan Strecken von mehr als neun Metern pro Sekunde. Und eine weitere Temposteigerung wird einzig durch das Wohlbefinden der Menschen limitiert, weil sich der Körper auf höhere Geschwindigkeiten kaum noch einzustellen vermag.

**Beispiel Aufzüge**

Auch im privaten Bereich scheint das Leben im „Fast Forward"-Schnellvorlauf an uns vorbeizurauschen. Der permanente Wandel in Gesellschaft und Wirtschaft hat dazu geführt, dass wir komplexere Aufgaben gleichzeitig mit der einhergehenden Informationsüberflutung zu bewältigen haben. Unsere zeitliche Belastung gelangt dabei immer mehr an ihre Grenzen: Anrufe, E-Mails, Live-Chats, Facebook, Werbebanner, Satelliten-TV, Events, persönliche Nachrichten, Einladungen, Meetings, Freundschaftsanfragen, Xing, MMS, SMS, Twitter oder Google+ – die Auswahl der möglichen Ablenkungen steigt in bislang ungeahnte Dimensionen. Im gleichen Maß nimmt die Anzahl der Tools zu, die uns dank sich rasant verändernder Kommunikationstechnik Zeitersparnis versprechen: Smartphone, Laptop, Blackberry, Digital-Kamera, Festplattenrekorder, iPad, Diktiergerät, Netbook, HD-Video-Cam, MP3-Player, Software ... Der Großteil dieser Optionen stand uns vor zehn Jahren nicht einmal ansatzweise zur Verfügung.

**Komplexere Aufgaben in schnellerem Takt**

Fakt ist: Das Tempo hat sich in der Vergangenheit rasant gesteigert und wird dies auch weiterhin tun. Die Geschwindigkeit nimmt in nahezu allen Bereichen unseres Lebens rapide zu.

## Real Time – die schnellste Form des Moments

Die Menschen scheinen dem Rausch der Geschwindigkeit zu erliegen. Sie wollen ständig erreichbar sein, und dies auf allen Kommunikationskanälen. Der Wunsch nach Real-Time-Anwendungen steht dafür, wie sehr wir danach streben, unmittelbar zu agieren, auf dem neuesten Stand zu sein und einen Quantensprung zu machen. Um diesem Anspruch zu genügen, wurden Kapazität und Möglichkeiten unserer mobilen Endgeräte stetig weiterentwickelt.

An immer ausgefeilteren Armbanduhren lässt sich dieses Phänomen besonders gut beobachten. Smartwatches spiegeln den Trend der Zeit wider: Im „On-the-go"-Lebensstil zeigen sie uns Termine an, messen unseren Puls, erinnern uns an Telefonnummern oder rufen unsere Mails ab.

**Beschleunigtes Denken**  Auch Intelligenz wird mit der Fähigkeit in Verbindung gebracht, schneller zu denken. Viele Hirnforscher bestätigen, dass es Zusammenhänge zwischen der Fähigkeit des Gehirns, schnell zu reagieren, und den Ergebnissen von Intelligenztests gibt, was darauf hindeutet, dass intelligente Gehirne schneller arbeiten.[4] Dies kann als Reaktion auf reduzierte Aufmerksamkeitsspannen und als gleichzeitiger Wunsch nach mehr Stimulation verstanden werden.

**Japanisch lernen in drei Sekunden**  Fortwährend bemerken wir die Beschleunigung beispielsweise auch im Bereich des Lernens. Sony vertreibt ein japanisches Sprachprogramm mit dem Slogan: „Japanisch lernen in drei Sekunden." Ob beschleunigte Lernprogramme, G8, Turbo-Studium, verkürzte Lehrzeit oder Schnelllesetechniken: Das alles ist nur die Spitze des Eisbergs.

Lesen als zentrale Informationsaufnahme ist ein weiteres gutes Beispiel für Beschleunigung und deren Folgen:

- Zunächst haben wir versucht, das schnellere Tempo einfach mitzugehen und alle verfügbaren Informationen aufzunehmen. Es wurden Schnelllesetechniken wie Speed-, Photo- oder Scan-Reading entwickelt, mit denen wir unsere Lesegeschwindigkeit mühelos verdoppeln konnten. Aber am Ende bedeutet dies nur, dass wir doppelt so schnell hinterherrennen. Die Stapel der zu lesenden Fachlektüre wachsen schneller, als wir Schritt halten können. Dabei spielt es keine Rolle, ob diese Lektüre nach wie vor in gedruckter Form vor Ihnen auf dem Schreibtisch liegt oder digital auf Ihrem Smartphone, Tablet oder PC als offene Tabs und Lesezeichen Beachtung verlangt. Es ist schlichtweg unmöglich, allem, was unsere Aufmerksamkeit fordert, diese auch zu schenken.
- Durch die Entwicklung von Hörbüchern musste man ein Buch nicht mehr selbst lesen, sondern konnte es sich bequem vorlesen lassen. Gerade bei längeren Autofahrten oder beim Sport sicher eine sinnvolle Erfindung.
- In der Folge gab es Dienste, die Sachbücher auf drei bis fünf Seiten zusammenfassten. So konnten Sie schon anhand der Zusammenfassung entscheiden, ob es sich lohnen würde, das Buch (oder Hörbuch) überhaupt zu kaufen.
- Das Ende der Entwicklung war damit aber immer noch nicht erreicht: Mittlerweile können Sie die besagten Buchzusammenfassungen sogar als MP3-Datei herunterladen, die Sie sich im Anschluss bequem anhören können. Das dauert nur etwa 15 Minuten für rund fünf Seiten. Bei einer Stunde Autofahrt können Sie also den Inhalt von vier Büchern verinnerlichen.

**Beispiel Lesen**

## Werden Sie Gestalter Ihrer Zeit

Das Problem ist: Das derzeit allgemein verfügbare Wissen verdoppelt sich etwa alle vier Jahre. Je mehr Wissen verfügbar ist, desto weniger werden wir es schaffen, uns dieses anzueignen und es in die Praxis umzusetzen.

**Das Geschwindigkeitszeitalter stellt neue Anforderungen**

„Nicht die Stärksten oder die Intelligentesten überleben, sondern die, die sich am besten an ihre veränderliche Umgebung anpassen können", schrieb Charles Darwin. Was für die Evolution galt, wird sich auch in den kommenden Jahrzehnten für das Geschäftsleben als richtig erweisen. Der individuell empfundene Mangel an Zeit ist kein persönliches Schicksal, sondern das Ergebnis einer globalen Entwicklung. Informationsüberflutung, komplexere Arbeitsumfelder und steigender Wettbewerbsdruck sorgen heute dafür, dass nur der Schnellste das Rennen macht. Mehr denn je siegen heute – auch außerhalb sportlicher Wettkämpfe – die Schnellen über die Langsamen. Die folgerichtige Interpretation dieser gesellschaftlichen Entwicklung zunehmender Beschleunigung ist demnach nicht die Bremse, sondern das Gaspedal.

Es ist längst keine Frage mehr, ob Sie sich anpassen müssen, sondern, ob Sie schnell genug sein werden.

Die Frage ist nur: Sind Sie Opfer oder Gestalter? Wähnen Sie sich am Seitenstreifen der Autobahn oder hinter dem Steuer, mit dem Fuß auf dem Gaspedal? Fluch oder Segen der Geschwindigkeit hängt erheblich von der Rolle ab, die Sie selbst einnehmen. Um in diesem Kontext wettbewerbsfähig zu bleiben, sind Sie gezwungen, Ihr Rennen erfolgreich zu gestalten. Teilnehmen müssen Sie ohnehin. Deshalb erlernen Sie besser so schnell wie möglich die Spielregeln für dieses neue Zeitalter, wenn Sie als Sieger darin bestehen wollen.

**Machen Sie sich Geschwindigkeit zunutze**

Wer vom Tempo-Trend profitieren will, muss sich Geschwindigkeit zunutze machen. Und das bei jeder sich bietenden Gelegenheit. Andernfalls stirbt Ihr Unternehmen ebenso aus, wie es die Dinosaurier taten.

## Die sieben Stufen maximaler Produktivität

Im Detail umfasst eine innovative und zukunftsweisende Zeitmanagementstrategie, mit der sich die Produktivität steigern lässt, nachfolgende sieben Stufen, die ich in meinem Buch „Zeit. Macht. Geld. Die Erfolgsgeheimnisse produktiver Unternehmer" eingehend erläutere:

- *Goal* – motivierende Zielsetzung: Legen Sie fest, was genau Sie wollen.
- *Fokus* – maximale Konzentration: Konzentrieren Sie sich auf Ihr wesentliches Ziel.
- *Limit* – zuverlässige Filter: Reduzieren Sie Störungen, die Sie von diesem Ziel ablenken.
- *Result* – unternehmerische Produktivität: Sorgen Sie für eine messbare Ergebnisorientierung.
- *Speed* – Wettbewerbsvorteil Geschwindigkeit: Beschleunigen Sie Arbeitsprozesse und Kundenservice.
- *Life* – persönliche Freiheit: Machen Sie sich das Warum hinter Ihren Zielen klar und genießen Sie Ihr Leben.
- *Action* – praktische Umsetzung: Legen Sie fest, welche Aktionsschritte Sie zurücklegen müssen, um Ihr Ziel zu erreichen, und starten Sie unmittelbar.

## Kümmern Sie sich um Ihr Business

Dieses Buch handelt nicht davon, wie Sie durch eine geniale Geschäftsidee nach intensiver Marktbeobachtung den großen Coup landen. Sie lesen stattdessen, wie Sie Ihren Erfolg vergrößern, indem Sie an Ihrem bestehenden Business arbeiten.

Klar sollten Sie die Augen offen halten. Die Märkte verändern sich in derartig beeindruckendem Tempo, dass es immer wieder neue und spannende Erfolgsstorys von Unternehmen gibt, die gestern noch niemand kannte. Wo waren vor fünf Jahren Unternehmen wie Outfittery, Spotify oder get fresh? Ebenso werden in weiteren fünf Jahren neue Unternehmen auf dem Plan erscheinen, die heute noch nicht einmal gegründet sind. Entwickelt und realisiert von Visionären, die Trends erkannt, vorhergesehen oder geschaffen haben. Aber hilft Ihnen diese Erkenntnis für Ihr bestehendes Geschäft?

**Trends setzen nur wenige**  Statt auf den Hauptgewinn in der Lotterie zu hoffen, dessen Wahrscheinlichkeit so gering ist, dass Sie eher fürchten sollten, bei Gewitter auf die Straße zu gehen, tun Sie gut daran, an Ihrer persönlichen Arbeitsmethodik zu arbeiten und Ihre geschäftlichen Abläufe zu systematisieren. Trends zu setzen gelingt einem von hundert Unternehmen. Doch für alle anderen besteht die Möglichkeit, ihr bestehendes Business in Sachen Geschwindigkeit zu optimieren. Wer bereit ist, sich diesen Herausforderungen zu stellen, findet in diesem Buch konkrete Tipps, um auf persönlicher und unternehmerischer Ebene schneller zu agieren als der Wettbewerb. Ich bin der festen Überzeugung: Schnelligkeit ist keine Hexerei, sondern trainierbar.

Aber was meinen Sie, wie wenige das tun? Glauben Sie mir: Auf der Überholspur gibt es keinen Stau. Sie sind alleine auf weiter Flur. Und können richtig Gas geben. Und Erfolge jenseits Ihrer Träume feiern. Zum Teil mit einfachsten Mitteln.

### Take-aways

- Unser Leben hat sich in nahezu sämtlichen Bereichen dramatisch beschleunigt.
- Diese Entwicklung wird sich auch in Zukunft fortsetzen.
- Es ist unabdingbar, dass wir sowohl uns als Person als auch unser Unternehmen darauf einstellen.

# 3. Rückwärtsgang für Bergauf-Bremser

Abrechnung mit der Entschleunigung – und anderen überholten Mythen vom Burnout-Bullshit bis zum Work-Life-Märchen

*„Wenn man in die falsche Richtung läuft, hat es keinen Zweck, das Tempo zu erhöhen."*

BIRGIT BREUEL
(DEUTSCHE POLITIKERIN, CDU, *1937)

## Worum geht's?

- Welchen Tempo-Irrtümern wir erliegen
- Warum wir mit überholten Mythen abrechnen sollten
- Weshalb Geschwindigkeit Ihre Lebensqualität sogar steigert

Das Alarmsignal ertönt in atemberaubender Lautstärke. Der laufend aufblitzende Lichtkegel unterstützt das akustische Warnsignal zusätzlich. Innerhalb kürzester Zeit füllt sich der Umkleideraum, in dem die Männer blitzschnell in ihre Uniformen schlüpfen. Die Männer gleiten die Stange hinab, um in der eine Etage tiefer befindlichen Fahrzeughalle im Rekordtempo in die roten Wagen zu springen. Es zählt jede Sekunde. Innerhalb von nur acht Minuten nach Eingang des Notrufs trifft der Löschzug am Brandort ein. Dieses Tempo kann über Menschenleben entscheiden.

Im allgemeinen Sprachgebrauch bedeutet „auf der Überholspur" zu sein per se erst einmal eines: schnell unterwegs zu sein. Gleichwohl wird mit dieser Bezeichnung auch entsprechender Erfolg verbunden. Und doch kommt man nicht umhin, dem Geschwindigkeitsrausch auch negative Folgen beizumessen, wie das ein Rausch nun einmal mit sich bringt: ständiges Getriebensein, Hetze, Stress, nicht bei sich sein und vieles mehr. Dies stellt uns vor bislang unbekannte Probleme und nicht zu unterschätzende Herausforderungen. Beeinflusst diese Entwicklung unsere Lebensqualität? Und ob. Unser Zeitmanagement gerät ins Wanken, unsere Balance droht aus dem Gleichgewicht zu geraten. Schnell kann einen das atemberaubende Tempo, dem wir allgegenwärtig ausgesetzt sind, aus der Bahn werfen, wenn man keine Lösung parat hat.

**Hohes Tempo macht Angst**

Das wachsende Tempo verbreitet nicht nur eine enorme Unsicherheit, sondern verursacht bisweilen sogar nackte Angst. Der Journalist Sebastian Hammelehle schreibt im Spiegel unter dem Titel „Beschleunigung: Das alles beherrschende Monster":[5]

*„Bei mir persönlich haben vor allem zwei Erklärungsversuche zu Aha-Erlebnissen geführt. Einmal der sogenannte kulturelle Motor der Beschleunigung. Wir fühlen uns darauf angewiesen, ein erfülltes Leben in unserer begrenzten Zeit im Diesseits zu realisieren, und glauben das am ehesten zu schaffen, indem wir in immer kürzerer Zeit immer mehr zu leisten und zu erleben versuchen: Beschleunigung gegen unendlich also – leider eine Falle ...*

*Zum andern die These, dass Depressionen eine zunehmende individuelle Reaktion auf die soziale Beschleunigung darstellen, weil immer mehr Menschen das Gefühl haben, ihr Leben gleite ihnen von anonymen Kräften fremdbestimmt und ohne jedes erkennbare Ziel zunehmend aus der Hand, während die Zunahme der Wahlmöglichkeiten bei immer ungewisseren Rahmenbedingungen sie überfordert oder gar lähmt ..."*

Alles Quatsch! Geschwindigkeit, richtig eingesetzt, bietet unbegrenzte Vorteile und schier endlose Möglichkeiten. Hierbei handelt es sich nach meiner Einschätzung lediglich um Anpassungsschwierigkeiten in einer Übergangsphase, die sich irgendwann einpendeln werden.

**Hohes Tempo bietet endlose Möglichkeiten**

Die gute Nachricht vorab: Die Menschheit wird trotz dieser Entwicklungen nicht auf ihr unvermeidbares Ende zusteuern, sondern letztendlich die erforderlichen Kurskorrekturen vornehmen.

### Entschleunigung ist eine Sackgasse

Doch wie kann diese Lösung aussehen? Downshiftig, Simplifying, Work-Life-Balance, Entschleunigung ...? Bullshit. Mag es auch verständlich sein, dass aufgrund zunehmender gesundheitlicher und persönlicher Belastungen und Folgeschäden derartige Wünsche laut werden. Sie werden definitiv unerfüllt bleiben. Vielmehr sollten wir Beschleunigung als Teil unserer Entwicklung akzeptieren. Denn längst hat ein Kulturwandel stattgefunden.

Eine kundenorientierte Betrachtung des Faktors Zeit ist eine schallende Ohrfeige für den allgegenwärtigen Ruf nach Entschleunigung.

Früher oder später wird Sie die Langsamkeit aus der Bahn werfen, nicht die Geschwindigkeit. Denn „Wart' mal schnell" kann kein noch so überforderter Unternehmer seinem Kunden zurufen, und „Wenn du es eilig hast, gehe langsam" taugt nicht zur Maxime einer neuen Serviceoffensive. Wenn wir zu langsam sind, geht unser Kunde zum Wettbewerber.

## Modernes Zeitmanagement braucht einen anderen Ansatz

Wenn wir an Werkzeuge des Zeitmanagements der ersten Generation denken, die wir zum Teil bis heute nutzen, fallen uns in erster Linie Techniken wie die To-do-Liste oder das Setzen von Prioritäten ein. Diese Tools waren über viele Jahre eine solide Basis, werden heute jedoch von ihren eigenen Protagonisten widerrufen. Im Laufe der Jahre ist die Menge der zu bewältigenden Informationen in einem derart rasanten Tempo angewachsen, dass es nur eine Frage der Zeit war, bis die illusorischen Kernaussagen aus Büchern wie „Simplify your life" oder „Wenn Du es eilig hast, gehe langsam", mit Entschleunigung und Vereinfachung ließe sich dieser Entwicklung trotzen, ad absurdum geführt wurden.

**Multi-Tasking gehört zum Standardrepertoire**

Beides ein Trugschluss, auf den die Generation Y mit mildem Lächeln reagiert. Das blockweise Abrufen von E-Mails mag ein probates Mittel der ewig Gestrigen sein. Denn insbesondere für Menschen, die sich in einem Alter befinden, in dem Instant-Messaging durch eine simultane Unterhaltung im Facebook-Chat oder die Hangout-Videokonferenz auf Google+ stattfindet, wirkt alles andere wie ein Relikt aus der Steinzeit. Vermeintliches Multi-Tasking gehört längst zum Standardrepertoire. *„Heutzutage noch ein ganzes PC-Betriebssystem hochzufahren, um eine E-Mail zu schreiben, ist so, als würde man mit einem Atom-U-Boot angeln fahren"*, schrieb Christopher Mims im November 2014 im Wall Street Journal. Und er wird recht behalten. Ein behäbiger Riesendampfer kann den Anforderungen der neuen Generation an Flexibilität und Wendigkeit nicht mehr genügen.

**Ein anderer Blickwinkel**

Was ein visionärer Unternehmer heute braucht, ist ein gänzlich anderer Ansatz. Kein Zeitmanagement 1.0 oder 2.0 und schon gar keine Entschleunigung, sondern ein absolut anderer Blickwinkel. Der seines Kunden. Nur ein Hund weiß, wie Hundefutter schmecken muss. Life-Hacks, Anti-Zeitmanagement-Techniken, Not-to-do-Listen und dergleichen mehr sind ein probates

Mittel, um unsere Zeitnot zu „managen". Aber wissen Sie was? Unser Kunde interessiert sich kein bisschen für unsere Zeitprobleme. Mit Recht. Wofür er sich hingegen brennend interessiert, sind vielmehr seine eigenen Zeitprobleme. Tragen Sie zu deren Lösung bei oder vergrößern Sie diese? Betrachten Sie es durch die Brille Ihres Kunden.

## Überholte Mythen

Oftmals verhindern wir unseren Erfolg dadurch, dass wir in einer Vielzahl von Mythen feststecken. Werfen Sie veraltete Selbstmanagement-Prinzipien über Bord. Die Anregungen eines längst überholten Zeitmanagements werden Ihnen nichts nutzen. Die Realität sieht anders aus. Niemand wird durch die Anwendung eines Selbst- und Zeitmanagements von gestern erfolgreich. Um Ihre Ziele in Zukunft schnell und effektiv zu erreichen, müssen Sie lediglich einige Sackgassen in Ihrem Kopf verlassen.

**Veraltete Selbstmanagement-Prinzipien**

### Die größten Irrtümer

Hier die Hitliste der einschränkendsten Glaubenssätze, von denen Sie sich schleunigst befreien sollten:
- Zeit ist Geld.
- Durch Geschwindigkeit leidet die Qualität.
- Wenn ich zu schnell bin, denkt mein Kunde, ich habe nichts zu tun.
- Wenn alles schneller wird, geht die Lebensqualität verloren.
- Das gestiegene Tempo ist verantwortlich für zahlreiche gesundheitliche Probleme.
- Das Wichtigste ist eine ausgeglichene Work-Life-Balance.
- Vereinfachung wirkt Komplexität entgegen.
- Entschleunigung hilft, der Geschwindigkeit zu begegnen.
- Wichtiges zuerst.
- Das kann doch nicht so weitergehen.

**Irrtum Nummer 1:** Zeit ist Geld

„Zeit ist Geld" lautet wohl einer der am häufigsten zitierten Aussprüche in Verbindung mit unserer Zeit. Falsch. Im Endeffekt stellt es sich so dar, dass der Zeit eine größere Bedeutung zukommt, weil sie, einmal verloren – im Gegensatz zum Geld –, unwiederbringlich ist. Wenn ich in Anlehnung an diesen Ausspruch einen meiner Buchtitel gewählt habe, ging es mir darum, mit „Zeit. Macht. Geld." aufzuzeigen, dass es unsere vorrangige Aufgabe ist, unsere Zeit in Geld zu verwandeln. Nicht nur als Selbstständiger, sondern im Grunde für jedermann. Wie gut uns dies jedoch gelingt, hängt in erster Linie vom „Wechselkurs" ab, den wir dafür zugrunde legen. Fakt ist: Geschwindigkeit hilft uns hier sogar, dieses Ergebnis zu optimieren.

**Irrtum Nummer 2:** Durch Geschwindigkeit leidet die Qualität

Dieses Argument der Tempo-Gegner resultiert aus der irrigen Annahme, Geschwindigkeit sei gleichbedeutend mit Oberflächlichkeit und damit Fehleranfälligkeit. Natürlich mündet dies in Qualitätsverlust. Wir werden uns mit diesen Fällen im nächsten Kapitel auseinandersetzen. Üblicherweise gilt jedoch das genaue Gegenteil: Häufig passieren gerade dann Fehler, wenn Abläufe nicht auch in Hinsicht auf schnelle Durchführung optimiert sind. Qualität hingegen in Relation zur eingesetzten Zeit zu erbringen ist – bis auf wenige Ausnahmen – ein Kriterium, das Qualität überhaupt erst ausmacht.

**Irrtum Nummer 3:** Wenn ich zu schnell bin, denkt mein Kunde, ich habe nichts zu tun

*Geschwindigkeit ist ein Zeichen von Wertschätzung*

Vor einigen Jahren insistierte ein Wirtschaftsprüfer während eines Vortrags vor einem Wirtschaftsclub in Düsseldorf einmal, wenn sein Angebot bereits am darauffolgenden Tag beim Kunden eintreffe, denke der wohlmöglich, er habe nichts zu tun.

Dieses Denken ist nicht nur absolut veraltet, sondern höchst gefährlich. Wenn Sie Ihren Kunden warten lassen, spielen Sie nicht nur damit, dass dieser sich anderweitig orientiert, sondern weisen sogar Ihre Unfähigkeit nach. Wahr ist: Geschwindigkeit ist immer ein Zeichen von Wertschätzung und Professionalität.

### Irrtum Nummer 4: Wenn alles schneller wird, geht die Lebensqualität verloren

Immer wieder wird von Entschleunigungs-Befürwortern Geschwindigkeit als negative Einflussgröße hinsichtlich der Lebensqualität genannt. Natürlich gibt es Grenzen, bei denen Tempo kontraproduktiv ist. Wir werden diese wenigen Bereiche im kommenden Kapitel näher betrachten. Aber Geschwindigkeit per se als Wurzel allen Übels zu betrachten ist ein zu leicht gezogener und gänzlich falscher Rückschluss. Richtig interpretiert besteht diese Diskrepanz gar nicht. Im Gegenteil. Tatsächlich nämlich bedeutet ein hohes Tempo nicht zwangsläufig eine höhere Belastung. In zahlreichen Bereichen wird die Lebensqualität sogar durch Geschwindigkeit gesteigert. Natürlich sollen beispielsweise Kundenanfragen sofort beantwortet werden, aber nicht zwingend von mir selbst. Es geht lediglich darum, die Beantwortung sicherzustellen. Ob durch eigene Mitarbeiter oder externe Dienstleister. Befreien Sie sich zusehends aus dem Würgegriff des operativen Geschäfts und nehmen Sie die Rolle des Inhabers ein.

**Tempo ist nicht per se negativ**

### Praxis-Transfer

Übrigens: In meinem Buch „Zeit. Macht. Geld. Die Erfolgsgeheimnisse produktiver Unternehmer" habe ich mich eingehend dem Wert unserer Zeit gewidmet und die Kosten „vertrödelter" Zeit errechnet. Dort finden Sie bei Interesse vertiefende Einblicke zu einer gewinnbringenden Zeitführung für Unternehmer.

**Schnell sein bringt Zeit für anderes**

Generell gilt: Wenn ich die Dinge, die ich tun muss, so schnell wie möglich erledige, habe ich für die Dinge, die ich gerne tue, umso mehr Zeit. Damit wird Geschwindigkeit sogar hinsichtlich der persönlichen Arbeitsmethodik zu einer besonders wertvollen Kompetenz. Denn mit ihr steigere ich meine Leistung und meine Lebensqualität gleichzeitig. So einfach ist das.

**Irrtum Nummer 5:** Das gestiegene Tempo ist verantwortlich für zahlreiche gesundheitliche Probleme

Ich behaupte: Die steigende Anzahl von Burnout-Fällen hat mit Geschwindigkeit an sich nichts zu tun. Der ursächlich zugrunde liegende Stress lässt den Trugschluss zu, der Mensch brauche einfach mehr Freizeit. Dabei entsteht Stress nicht durch Arbeit, die einen fordert, sondern aus dem Gefühl der Unfähigkeit, dieses Pensum bewältigen zu können. Damit ist nicht zu viel Arbeit der Grund für Stress oder das Syndrom des „Ausgebrannt-Seins". Dennoch wird versucht, des Problems Herr zu werden, indem man mehr Stunden arbeitet. Dabei wird negativer Stress erzeugt durch ein Gefühl der Überforderung, nicht durch das Arbeitspensum selbst. Tatsache ist, dass jemand, der anders arbeitet, Jahr für Jahr viele Stunden bei vollem Einsatz ohne ein Zeichen von Stress oder „Burnout" tätig sein kann. Solange Sie das Gefühl haben, selbstbestimmt zu agieren und genug Ressourcen zu besitzen, Ihre Aufgabenlast zu bewältigen, werden derartige gesundheitliche Probleme für Sie ein Fremdwort sein.

**Irrtum Nummer 6:** Das Wichtigste ist eine ausgeglichene Work-Life-Balance

Ich kann es nicht mehr hören. Dieser ständige Ruf nach einer rundum ausgeglichenen Work-Life-Balance. So als sei Arbeit das Gegenteil von Leben und nicht ein wesentlicher Bestandteil des Lebens. In seinem Buch „Work-Life-Bullshit" beschreibt Thomas Vašek, warum uns die Trennung von Arbeit und Leben in die Irre führt. Ich denke, er hat recht. Schon bei dem Begriff kommt mir unweigerlich das Bild einer Waage in den Sinn, bei der es darum geht, die beiden Teller links und rechts in eine ausgeglichene Position zu bringen. Etwas weniger Work hier zugunsten von etwas mehr Life dort. Doch dieses Ansinnen muss zwangsläufig scheitern. Nicht „entweder – oder", sondern „und" lautet die Lösung. Wenn ich anders arbeite, kann ich mehr leben.

### Irrtum Nummer 7: Vereinfachung wirkt Komplexität entgegen

Natürlich wird alles komplexer. Auch dann, wenn Sie sich in Verzicht üben. Simplifying wird dieses Problem nicht lösen. Weniger Dinge, weniger Luxus – schön und gut. Bis zu einem gewissen Grad kann dies ja Ihr Konzept darstellen. Aber diese Entscheidung gilt nur in Ihrem Mikrokosmos. Die Welt da draußen sieht anders aus. Und das wird sie auch weiterhin, egal, wie Sie sich entscheiden. Konsequent umgesetzt bleibt Ihnen wohl nur das Lebenskonzept eines etwas weltentrückten Einsiedlers. Die Wälder von Kanada sollen ja ganz schön sein. Oder der Campingplatz in Castrop-Rauxel.

*Simplifying hilft nicht*

### Irrtum Nummer 8: Entschleunigung hilft, der Geschwindigkeit zu begegnen

Auch wenn sie allenthalben gefordert wird – es wäre falsch, Entschleunigung zum Maß aller Dinge zu erheben. Denn sie löst das Problem nicht. Vielfach ruft sie schlicht den illusorischen Wunsch hervor, die Uhren mögen ihre Geschwindigkeit verringern. Nicht mehr als eine egoistische Forderung, die aus der persönlichen Überforderung, das erforderliche Tempo mitzugehen, resultiert. Das Credo „Wenn du es eilig hast, gehe langsam" will uns suggerieren, wir gewönnen an Lebensqualität, wenn wir uns dem Trend entgegenstellten. Doch das genaue Gegenteil ist Realität. Schlimmer noch: Als Unternehmensphilosophie ist es sogar kontraproduktiv. Denn wenn Sie Ihr Geschäft nach diesem Prinzip führen, sind Sie aus dem Markt, bevor Sie überhaupt angefangen haben.

### Irrtum Nummer 9: Wichtiges zuerst

*Auch „Kleinigkeiten" wollen erledigt sein*

Der Ratschlag, wichtige Dinge zuerst in Angriff zu nehmen, wird sich vor allem bei Freiberuflern auf dem Weg zum Erfolg häufig als hinderlich erweisen. Letztendlich müssen alle Aufgaben und Verantwortlichkeiten, angefangen bei den „unwichtigen" Routinearbeiten bis hin zu den dynamisch-kreativen Aufgaben, integriert werden. Um Geld zu verdienen, ist keine mehr und keine weniger wichtig, da alle erledigt werden müssen. Auch auf die Erledigung vermeintlicher „Kleinigkeiten" darf nicht verzichtet werden. Stattdessen müssen sie in den Arbeitsablauf einbezogen und schlicht getan werden. Natürlich bedeutet dies nicht zwingend, dass Sie selbst derartige Aufgaben in Angriff nehmen müssen. Aber Sie sind verantwortlich dafür, dass Dinge, die getan werden müssen, auch erledigt werden. Und gerade bei Routinetätigkeiten ist es möglich, das Tempo signifikant zu steigern.

### Irrtum Nummer 10: Das kann doch nicht so weitergehen

Klar, der Wunsch ist nachvollziehbar. Aber eben unrealistisch. So als würden Sie sich wünschen, die Erde möge aufhören, sich zu drehen. Oder unser Steuersystem würde vereinfacht. Oder gleich abgeschafft. Wachen Sie auf! Glauben Sie mir: All das wird nie geschehen. Im Gegenteil: Der technologische Fortschritt wird nicht aufzuhalten sein. Und wie immer wird es einen Gegentrend geben. In diesem Fall bestehend aus Entschleunigung & Co. Wunderbar, das wird Ihren Wettbewerbsvorteil noch vergrößern. Denn da jeder Mensch gerne Zeit gewinnen möch-

te, sind diejenigen Unternehmen im Vorteil, die genau diesem
Wunsch ihrer Kunden entsprechen.

### Take-aways

- Entschleunigung ist für Unternehmen eine kontraproduktive Antwort auf die gegenwärtigen Herausforderungen unserer gesellschaftlichen Entwicklung.
- Schnelligkeit verschafft Ihnen Zeit für mehr Lebensqualität.
- Nutzen Sie die Techniken eines modernen Zeitmanagements.

# 4. Mit Tempo 200 in die falsche Richtung

Auf Kollisionskurs – Grenzen und Gefahren der Geschwindigkeit

„Der Mensch von heute hat nur ein einziges wirklich neues Laster erfunden: die Geschwindigkeit."

ALDOUS HUXLEY
(ENGLISCHER SCHRIFTSTELLER, 1894 – 1963)

Worum geht´s?

- Wann Geschwindigkeit kontraproduktiv ist
- Weshalb Sie die Erwartungen Ihrer Kunden kennen sollten
- Wie Sie dem Widerspruch unterschiedlicher Zeitwahrnehmung begegnen können

### Die Grenzen der Geschwindigkeit

„Herr Geiger, ich habe den Eindruck, Sie fahren um die Wette mit der Vernunft."

Pause

„Aber Sie sind schneller!"

Diesen fast schon legendären Ausspruch bekam ich von meinem Rechtsanwalt zu hören, als wir aus dem Gerichtsgebäude in Heidelberg traten. Wieder einmal hatte er mich in einer Bußgeldsache wegen überhöhter Geschwindigkeit rausgeboxt. Wieder einmal konnte ich gerade noch ein Fahrverbot umgehen. Leider haben wir die Zusammenarbeit Jahre später nicht weiter fortgesetzt. Was seine Ursache jedoch nicht in dem oben genannten Zitat, sondern in der räumlichen Distanz nach einem Umzug hatte. Diese Entscheidung wiederum hatte zur Folge, dass weitere Punkte in Flensburg folgten, die letzten Endes eine ganze Reihe von Konsequenzen nach sich zogen: Bußgelder, Fahrverbote, Nachschulungen, medizinisch-psychologische Untersuchung, erneute Führerscheinprüfung. Ich könnte ein ganzes Buch mit entsprechenden Anekdoten füllen. An dieser Stelle sei nur angemerkt: Es zahlt sich nicht aus, sich in Sachen Geschwindigkeit über die Straßenverkehrsordnung hinwegzusetzen.

Natürlich hat Geschwindigkeit auch ihre Schattenseiten. Nicht immer ist eine Minimierung der Zeit sinnvoll. Allerdings wird sich dies eher im privaten Bereich finden lassen. Vor allem dort, wo Genuss im Spiel ist. Schließlich ist nicht zwingend das Orchester das beste, das Beethovens Neunte in Rekordzeit spielt. **Schattenseiten der Geschwindigkeit**

Im geschäftlichen Kontext hingegen gibt es nur wenige Bereiche, bei denen Geschwindigkeit wirklich kontraproduktiv wäre. Es gilt daher, die wenigen Areale, in denen Tempo sich als Nachteil darstellen kann, klar abzugrenzen.

**Grenzen der Geschwindigkeit**

- Gesundheit
- Sicherheit
- Qualität
- Wirtschaftlichkeit
- Zeiterwartung
- Widersprüchlichkeit

## Gesundheit

Geschwindigkeit selbst kann mitunter gewisse Erkrankungen mit sich bringen. So tritt Jetlag beispielsweise dann auf, wenn die Geschwindigkeit, mit der wir uns bewegen, unsere biologische Uhr überholt.

## Sicherheit

Natürlich darf Geschwindigkeit nicht zulasten von Sicherheit gehen. Stellen Sie sich nur eines der nachfolgenden Szenarien vor:

**Zeit kann Reife bedeuten**

Ihr Kind beabsichtigt, den Führerschein zu machen. Würden Sie es gerne in einer Fahrschule sehen, die die Fahrerlaubnis mit dem absoluten Minimum an Fahrstunden verspricht? Bei allen Kosten, die Ihnen durch eine längere Ausbildung entstehen mögen, werden Sie sich kaum wünschen, Ihr Kind würde in kürzester Zeit die Fahrschule durchlaufen, wenn Sie dadurch den Eindruck hätten, es erlange auf diesem Weg nicht die erforderliche „Reife" zum Führen eines Kraftfahrzeugs. Wäre also schlicht noch nicht so weit, um am Straßenverkehr teilzunehmen. Sie hätten wahrscheinlich kein gutes Gefühl dabei, Ihr Kind als Verkehrsteilnehmer auf der Straße zu wissen, nachdem es seinen Führerschein in Rekordzeit erworben hat. Was in Sachen Tempo und vielleicht auch in puncto Kosten positiv ins Gewicht fällt, sollte nicht zulasten sicherheitsrelevanter Kriterien gehen. Hier verbinden Sie mit dem Wunsch nach einer längeren Ausbildungszeit auch entsprechende Erfahrungen, die die erforderlichen Fähigkeiten vermitteln, um Sicherheit zu erlangen.

**Zeit kann Genauigkeit bedeuten**

Oder stellen Sie sich vor, Sie müssten in ein Flugzeug steigen, das kurz vor Weihnachten nur deshalb pünktlich abhebt, weil die Enteisung der Tragflächen diesmal etwas schneller erledigt wurde als üblich. Dies werden Sie aller Voraussicht nach selbst für den Fall kaum gutheißen, dass Sie am Zielort ein dringender geschäftlicher Termin oder Ihre Familie erwartet. Hier werden Sie mit einer beschleunigten Abfertigung berechtigte Sicherheitsbedenken verbinden.

Oder nehmen Sie die gesetzlich vorgeschriebenen Ruhezeiten für Lkw-Fahrer. Zahlreiche Auftraggeber von Speditionen wünschen sich eine schnellere Abwicklung ihrer Transportaufträge, die durch den Umstand der Sicherheitsaspekte limitiert werden. Und das ist im Sinne aller auch gut so.

**Zeit kann Erholung bedeuten**

Immer dann, wenn Tempo zulasten von Genauigkeit und Präzision geht, ist es bezüglich Sicherheit kontraproduktiv.

**Praxis-Transfer**

Welche Geschäftsbereiche erfordern in Ihrem Unternehmen besondere Sorgfalt?

## Qualität

Wie bereits im vorherigen Kapitel eingeräumt: Natürlich gibt es Bereiche, in denen Tempo zulasten der Qualität geht, weil sich diese nicht mit der Stoppuhr messen lässt. Ebenso wie die Reife eines Weines nicht beschleunigt werden kann und einfach ihre Zeit braucht.

Denken Sie beispielsweise an die virtuose Ausübung eines Handwerks. Um das Meisterstück einer Violine zu erstellen, benötigt ein Geigenbauer pro Instrument anderthalb bis zwei Jahre – ein Mammutprojekt. Dafür hält ein solches Stück auch mindestens 100 Jahre. Doch zugegeben: Diese Berufsfelder genießen mittlerweile zunehmend Exotenstatus.

## Wirtschaftlichkeit

**Die Zeitmaschine**  Einmal mit der Zeitmaschine fliegen, das wär's doch! Unmöglich? Wer zwischen 1977 und 2003 das nötige Kleingeld aufbrachte, setzte sich in eine weiß lackierte, schmale Röhre mit elegant geschwungenen Deltaflügeln, trank genüsslich Champagner – und war nach dreieinhalb Stunden in New York angekommen, bevor er in London überhaupt eingestiegen war. Der Zeitverschiebung und einem legendären Überschallflugzeug sei Dank: der Concorde.

Mit einer Spitzengeschwindigkeit von bis zu Mach 2,04 (= 2179 km/h) katapultierte das Flugzeug mit der spitzen Nase, die sich bei Start und Landung ein paar Grad nach unten senkte, seine Passagiere in nur dreieinhalb statt der sonst üblichen acht Stunden die rund 6000 Kilometer über den Atlantik. Durch die nur handgroßen Minifenster konnte man sehen, wie die Erde immer kleiner wurde; und bei klarem Wetter sah man tatsächlich die Erdkrümmung – und direkt über dem Flugzeug den pechschwarzen Himmel, den Beginn des Weltalls.

**Der letzte Flug der Concorde**  Am Morgen des 24. Juni 2003 hebt die Concorde „Fox Bravo" mit der Flugnummer AF4406 auf dem Flughafen „Charles de Gaulle" in Paris zu ihrem letzten Flug nach Baden-Baden ab. An Bord befinden sich 96 von Air France geladene Passagiere – Journalisten, Politiker, verdiente Mitarbeiter sowie zahlreiche Ehrengäste. 10.15 Uhr – Routiniert arbeitet Flugkapitän Jean-Louis Châtelain die Checkliste ab. Dann zündet er die Nachbrenner. Die Concorde wird auf eine Startgeschwindigkeit von 400 km/h katapultiert. Man wird beim Start in die Sitze gepresst wie bei einer Rakete. Über dem offenen Meer, einer Stippvisite zur Bucht von Biskaya, durchbricht die Concorde mit einer Geschwindigkeit von Mach 2,02 die Schallmauer. Um 12.40 Uhr, zwei Stunden und 25 Minuten nach dem Start in Paris, leitet Flugkapitän Châtelain den Landeanflug ein. An den Zäunen des badischen Flughafens drängen sich über 20 000 Schaulustige, um bei diesem einmaligen Ereignis dabei zu sein. Bereits Stunden zuvor war der Verkehr rund um den Flughafen Baden-Baden fast vollständig zusammengebrochen.

Die „Königin der Lüfte" schwebt fast lautlos wie ein Raubvogel der Landebahn entgegen und setzt wenige Sekunden später punktgenau auf. Die Zuschauer jubeln und applaudieren. Ein unvergesslicher Eindruck. Das Ende einer fantastischen Ära der Luftfahrtgeschichte. Warum wurde der Flugbetrieb eingestellt, war die Concorde doch aufgrund ihrer atemberaubenden Geschwindigkeit ein wahres Prestigeobjekt?

**„Königin der Lüfte"**

Nun, weil Wirtschaftlichkeit mindestens ebenso wichtig ist wie Geschwindigkeit selbst. Aus heutiger Sich wäre der Flugbetrieb ohnehin ein unfassbarer Anachronismus: Die Concorde brauchte pro Stunde so viel Sprit wie ein Jumbo-Jet auf einem ganzen Transatlantikflug und beförderte dabei nur maximal 96 Passagiere. Damit verfügte die Concorde nur über ein Fünftel der Kapazität eines Jumbos. Ihr Spritdurst dagegen war pro Fluggast viermal so hoch. Die Wartung war sechsmal so aufwendig wie bei einem gewöhnlichen Flugzeug. Neben den sich häufenden technischen und wirtschaftlichen Problemen war der Concorde-Betrieb im Lauf der Zeit defizitär. So lag die Auslastung zuletzt nur noch bei 20 Prozent. Sicher war auch der hohe Preis für viele Concorde-Fans eine unüberwindbare Hürde: Ein Ticket erster Klasse der Kategorie „R" wie „rapid" hatte einen Geschwindigkeitsaufschlag von 20 Prozent und kostete damit zuletzt samt Zubringerflug aus Deutschland schlappe 5555 Euro plus Steuern und Gebühren. Es lohne sich einfach nicht mehr, kommentierte daher der verantwortliche BA-Chef aus London die Außerdienststellung seiner Concorde-Flotte.[6]

**Wirtschaftlichkeit ist ebenso wichtig wie Tempo**

Und die Moral von der Geschicht: Geschwindigkeit ohne Effizienz lohnt sich eben nicht!

### Praxis-Transfer

Es gibt sicherlich auch in Ihrem Unternehmen Fälle, bei denen die Opportunitätskosten für eine angemessene Steigerung der Geschwindigkeit zugunsten Ihrer Kunden schlicht zu hoch sind. Stellen Sie sich grundsätzlich die folgende Frage: Zu welchem Kostenfaktor (einschließlich Opportunitätskosten) lässt sich das Tempo steigern?

Auf der anderen Seite – und dies wird weit häufiger der Fall sein – trägt Geschwindigkeit sogar dazu bei, Kosten zu senken. Denken Sie nur an Abwicklungs- beziehungsweise Beratungszeiten oder die technische Ausstattung.

Übrigens: Seit Juni 2005 entwickeln Frankreich und Japan gemeinsam einen Concorde-Nachfolger, der 300 Menschen befördern soll. Geplanter erster Linienflug: 2025. Na dann, willkommen in der neuen Zeitmaschine!

### Zeiterwartung

Zeit unterliegt der subjektiven Wahrnehmung. Die Devise einer zeitbezogenen Kundenorientierung heißt daher nicht in jedem Fall Zeitminimierung. Bei zahlreichen Leistungen wird der Zeitaufwand sogar zu einem wesentlichen Aspekt des Qualitätsurteils. Eine als „zu kurz" empfundene Durchführung kann Zweifel an der Qualität der Leistung und beim Kunden damit ein Gefühl der Unzufriedenheit über die geringe Aufmerksamkeit, die ihm zuteil wird, auslösen. So werden die meisten Patienten, die ihren Arzt mit dem Wunsch nach „Heilung" aufsuchen, mit einer „Drei-Minuten-Medizin" nicht glücklich.

In manchen Dienstleistungen kommt der Zeit aus Sicht des Kunden sogar eine völlig entgegengesetzte Bedeutung zu. Da wird sie nicht als Verlust, sondern als Erlebnis empfunden, das mit emotional befriedigenden Eindrücken erfüllt ist: den besonderen Augenblicken bei einem feinen Essen, beim Friseur, im Urlaub, in der Sauna, beim Besuch einer Theateraufführung, eines Konzerts oder Sportevents. Hier liegt das Charakteristische des Angebots sogar in der Attraktivität der Zeitverwendung: Hierbei wird die verbrachte Zeit primär nicht als Ausgabe, sondern als Nutzen empfunden.

**Investierte Zeit als Nutzen**

Steht nämlich der Genuss im Vordergrund oder kann er zumindest eine wesentliche Rolle spielen, kommt es dem Konsumenten nicht in erster Linie darauf an, die eigentliche Dauer zu minimieren. Im Gegenteil: Eine Minimierung der Transaktionszeit durch den Dienstleister zum Zweck der Produktivitätssteigerung könnte sogar als Qualitätsreduktion empfunden und damit problematisch werden. Konsequenz: Dienstleister sollten ihr Leistungsangebot danach konzipieren, welche Zeiterwartungen ihre Kunden hegen.[7]

**Leistungsangebot nach Zeiterwartungen der Kunden**

**Praxis-Transfer**

Untersuchen Sie, welche Erwartungen die Kunden mit Ihrer Dienstleistung verbinden.

## Widersprüchlichkeit

Der folgende Sachverhalt erscheint auf den ersten Blick paradox: Eine wachsende Zahl von Menschen hat die Wahrnehmung, über immer weniger Zeit zu verfügen, obwohl der technische Fortschritt zunehmende Möglichkeiten bietet, Prozesse verschiedenster Art in immer weniger Zeit abzuwickeln. Der französische Philosoph und Geschwindigkeitstheoretiker Paul Virilio charakterisiert diese gesellschaftliche Entwicklung als „rasenden Stillstand".

Beispielsweise werden Sie persönlich bestrebt sein, Ihre E-Mail-Zeiten auf das Minimum zu reduzieren, um sich wesentlicheren Aufgaben widmen zu können. Was jedoch eine Bearbeitung der elektronischen Korrespondenz auf Unternehmensebene betrifft, gilt es, hier die Reaktionszeit bestmöglich zu verkürzen oder sogar in Echtzeit zu antworten.

Wer die folgenden Seiten dieses Buches aufmerksam durchliest, dürfte am Ende wissen, wie sich diese Widersprüche erklären lassen und wie sie miteinander zusammenhängen. Denn dieses vermeintliche Dilemma ist nur auf den ersten Blick ein Widerspruch.

### Take-aways

- Genuss und Geschwindigkeit schließen sich weitestgehend aus.
- Auch Qualität, Wirtschaftlichkeit und Sicherheit begrenzen den Wunsch nach Beschleunigung gegen unendlich.
- Die zeitliche Erwartungshaltung Ihrer Kunden differiert je nach Inhalt Ihres Leistungsangebots.

# Cockpit

## Persönliche Arbeitsmethodik

### Die wichtigsten Steuerungsinstrumente zum Sieg

# 5. Vorsicht, Tempolimit!

## Was Sie daran hindert, richtig Fahrt aufzunehmen

*„Zeitverschwendung ist die leichteste aller Verschwendungen."*

HENRY FORD I
(US-AMERIKANISCHER AUTOMOBIL-HERSTELLER,
1863 – 1947)

## Worum geht´s?

- Woran Sie merken, dass Ihr Tempo zu langsam ist
- Welche Bremsklötze Ihr persönliches Arbeitstempo drosseln
- Mit welchen Tipps Sie die Handbremse lösen

Ein Druck auf den Knopf ist leicht. Viel wichtiger ist es, den perfekten Augenblick zu erwischen. Genau in dem Moment, in dem der Rennbolide in die Boxengasse einfährt, gilt es, den Geschwindigkeitsbegrenzer zu aktivieren. Sofort wird der Motor ausgebremst, die Geschwindigkeit schlagartig auf das zulässige Tempo reduziert. Von 100 auf null in drei Sekunden. Die Drosselung arbeitet präzise wie ein Schweizer Uhrwerk.

Mag es im Rennsport ein probates Mittel sein, die Geschwindigkeit in der Boxengasse auf diesem Weg zu reduzieren, um sich nicht durch überhöhte Geschwindigkeit eine Strafe einzuhandeln, gilt im Falle der Zeitführung und des Selbstmanagements das genaue Gegenteil.

**Punkte, an denen Sie merken, dass Ihr Tempo zu langsam ist**

- Sie verbringen unverhältnismäßig viel Zeit in sozialen Netzwerken.
- Bis zu einem Rückruf dauert es häufig mehrere Tage.
- Der Stapel mit Unerledigtem auf Ihrem Schreibtisch wächst zusehends.
- Kunden springen ab, weil Sie nicht schnell genug auf Anfragen reagieren.
- Aufgrund der Arbeitsüberlastung passiert es Ihnen häufig, dass Sie zu erledigende Dinge schlicht vergessen.
- Die unbearbeiteten E-Mails in Ihrem Posteingang sind mehr als zweistellig.
- Sie schieben die Arbeit an zahlreichen Projekten von größerem Umfang grundsätzlich auf.

## Feinde der Schnelligkeit

*High-Speed-Feinde*  Gibt es Feinde der Geschwindigkeit? Darauf können Sie wetten. Lassen Sie uns die Punkte betrachten, die Sie daran hindern, richtig Fahrt aufzunehmen. Die Liste der natürlichen High-Speed-Feinde ist lang. Wir können sie in zwei Gruppen einteilen: Ihre Ursachen liegen entweder auf der persönlichen oder auf Unternehmensebene (siehe Kapitel 8 „Langsame Unternehmen scheitern schneller"). Dabei sind persönliche Probleme häufig schwerer in den Griff zu bekommen. Betrachten wir sie daher einmal aus der Nähe.

### Die zehn persönlichen Hauptbremsklötze

1. Zeitnot
2. Social Media
3. Ablenkung
4. Multi-Tasking
5. Planlosigkeit
6. Perfektionismus
7. Prokrastination
8. Entscheidungsschwäche
9. Energielosigkeit
10. Demotivation

Natürlich können Sie anmerken, dass einige Punkte von außen kommen und damit außerhalb Ihres Einflussbereichs liegen. Das mag bedingt zutreffen. Und doch haben Sie immer die Wahl, wie Sie ihnen begegnen. Und damit entscheidenden Einfluss auf das Ergebnis.

### Bremsklotz Nummer 1: Zeitnot

Wenn Sie das Gefühl beschleicht, dass Sie im Grunde zu viel zu tun haben, wird dies im ersten Schritt Ihre Einstellung und im Anschluss auch Ihre Arbeitsleistung negativ beeinflussen. Es gilt daher, von Beginn an zu realisieren, dass es immer mehr zu tun geben wird, als uns Zeit zur Verfügung steht. Daran wird auch das ausgeklügeltste Zeitmanagement nichts ändern. Es ist hingegen immer genug Zeit vorhanden, um die wichtigsten Dinge zu tun. Es gilt also vorrangig, genau diese Aufgaben zu definieren und ihnen Zeit zu widmen. Und eine davon wird es sicherlich sein, Systeme zu schaffen, die eine schnelle Reaktionszeit sicherstellen. Sei es im Mikrokosmos der für Sie relevanten Aufgaben oder als Grundprinzip im gesamten Unternehmen.

*Genug Zeit, um das Wichtigste zu tun*

## Bremsklotz Nummer 2: Social Media

*Social Media fordern uns im Sekundentakt*

Auch die Schlagzahl im Netz suggeriert uns Tempo. Social Media erhöhen die Geschwindigkeit zusätzlich und treiben die Informationsüberflutung voran. Soziale Netzwerke bombardieren uns mit Status-Updates im Sekundentakt. Bedauerlicherweise verbreiten viele Menschen auf diesem Weg in Windeseile ihre unreflektierten Gedanken, anstatt sich die Zeit zu nehmen, vorher darüber nachzudenken.

## Bremsklotz Nummer 3: Ablenkung

Heute überrollt uns eine Lawine an Informationen, die auch in Zukunft weiter an Fahrt aufnehmen wird und droht, uns mit in den Abgrund zu reißen. Selektive Wahrnehmung lautet das Gegenmittel. Verzichten Sie auf alles, was nicht zur unmittelbaren Erreichung Ihrer wesentlichen Ziele beiträgt. Natürlich müssen Sie diese hierzu vorab definieren. Fakt ist: Sie können nicht allem Aufmerksamkeit schenken, was Ihre Aufmerksamkeit fordert. Der Informationsüberflutung lässt sich in erster Linie durch glasklaren Fokus und messerscharfe Konzentration begegnen. Wie Sie diese entwickeln, wird im nächsten Kapitel erläutert.

## Bremsklotz Nummer 4: Multi-Tasking

*Multi-Tasking ist nur ein Mythos*

Wenn die Deadline näher rückt und der Stresspegel steigt, versuchen wir verzweifelt, unserer Überlastung durch operative Hektik Herr zu werden. Erfolglos. Denn mehrere Dinge vermeintlich gleichzeitig anpacken zu wollen und dabei von einer zur anderen Aufgabe zu springen, versetzt nicht nur unser Gehirn in Stress, sondern lässt uns auch in dem Maß, in dem unsere innere Ruhe durch aufkommende Panik ersetzt wird, zusehends unproduktiver werden. Schlimmer noch: Es ist inzwischen sogar erwiesen, dass Multi-Tasking lediglich eine Falle ist, die gnadenlos zuschnappt, jedoch keinesfalls ein funktionierendes Selbstmanagementkonzept zur Bewältigung von zu vielen Aufgaben. Multi-Tasking ist nur ein Mythos.[8] Egal, ob Sie Leserin oder Leser sind.

### Bremsklotz Nummer 5: Planlosigkeit

Wer nicht weiß, wohin er will, darf sich nicht wundern, wenn er ganz woanders ankommt. Sie brauchen ein klares Ziel und einen konkreten Plan, wie Sie dieses Ziel erreichen wollen. Ohne Plan werden Sie blind umherirren und sich bestenfalls den Kopf anschlagen. Versuch und Irrtum sind ein tolles Rezept, um wertvolle Erfahrungen zu sammeln, aber sie sind der Super-GAU, wenn es darum geht, richtig Fahrt aufzunehmen. Kaufen Sie sich bei Bedarf lieber externe Hilfe zu. Die Welt da draußen ist voller Coaches und Consultants, die beschäftigt werden wollen. Aber hören Sie auf, alles auf eigene Faust machen zu wollen. Die Zeit, die Sie das kostet, ist um ein Vielfaches wertvoller als der erhoffte Lerngewinn.

### Bremsklotz Nummer 6: Perfektionismus

Es ist ein Fehler, keine Fehler machen zu wollen. Je länger wir nach Perfektion streben, desto weniger werden wir sie erreichen. Im Gegenteil: Dieser Anspruch wird dazu führen, dass wir den Wettbewerbsvorteil, den uns Tempo bietet, wieder verlieren. „Schnell und gut" schlägt „langsam und perfekt". Klar ist es ehrenwert, dass Sie eine Sache richtig machen wollen. Aber zu welchem Preis? Perfektionismus hält oft nur auf und führt zum Tunnelblick. „Besser fehlerhaft begonnen als perfekt gezögert" lautet daher das Credo. Denn wie das Pareto-Prinzip nachweist, auf das ich später noch eingehen werde, sind im Regelfall mit nur 20 Prozent Aufwand bereits 80 Prozent des Ergebnisses zu erzielen. Und das bedeutet im Umkehrschluss, dass die restlichen 80 Prozent des Aufwands nur noch minimal zum Ergebnis

**Besser fehlerhaft begonnen als perfekt gezögert**

beitragen. Diese Detailverliebtheit bremst Sie aus. Mit 80 Prozent vom Optimum lassen sich dagegen häufig bessere Ergebnisse erreichen. Schnellere sowieso.

Natürlich gibt es Ausnahmen. Eine ganze Reihe an Aufgaben sind so verantwortungsvoll, dass sie zu 100 Prozent erfüllt werden müssen. Schließlich kann man den Bau einer Brücke nicht abbrechen, wenn erst 80 Prozent der benötigten Spannweite erreicht sind. Wer jedoch bei allem nach Perfektion strebt und dabei immer 100 Prozent erreichen will, wird sich nicht nur unnötigen Stress bereiten, sondern auch unterm Strich viel Zeit und Energie verlieren. Daher ist es meistens besser, sich weiteren 80-Prozent-Ergebnissen zu widmen, statt seine Energie in die jeweils noch zur Perfektion fehlenden 20 Prozent zu stecken. In der Regel wird es jedoch nicht einfach sein, ohne längere Erfahrung im Umgang mit der Pareto-Regel diesen Ansatz zur Prioritätenbestimmung in der täglichen unternehmerischen Praxis umzusetzen. Nur wer seine Stärken und Schwächen genau kennt, kann jene Erfolgsfaktoren identifizieren, mit denen sich bei 20 Prozent Einsatz 80 Prozent des Erfolgs erzielen lassen.

### Bremsklotz Nummer 7: Prokrastination

*Aufschieben hilft nichts*

Bei wichtigen Problemen gilt: Aufschieben hilft nichts. Wenn Sie es jetzt nicht tun, müssen Sie es später erledigen. Daher gilt es, der „Aufschieberitis" den Kampf anzusagen. Unangenehme Arbeiten vertagen, Entscheidungen hinauszögern – das macht jeder dann und wann. Kein Grund, sich lange mit Vorwürfen auszubremsen, wir schieben alle von Zeit zu Zeit auf. Aber wenn Sie schneller sein wollen, gilt es, die Dinge entschlossen in die Hand zu nehmen. Beginnen Sie noch heute, nicht erst morgen. Sorgen Sie dafür, dass Sie fokussiert an Ihren wichtigsten Aufgaben arbeiten und jeglicher Störung entschieden die Stirn bieten. Aufschieben ist einer der größten Bremsklötze, der Höchstgeschwindigkeit verhindert. Das Internet liefert Ihnen hierzu ein ganzes Sammelsurium hilfreicher Hinweise. Damit Sie jedoch nicht erst ins Netz müssen, um mit Ihrer wichtigsten Aufgabe zu starten, hier die fünf hilfreichsten Tipps für die unmittelbare Umsetzung:

**Praxis-Transfer**

Fünf Tipps, um dem Aufschieben erfolgreich zu begegnen:

1. Den Blick auf das lenken, was man gewinnen möchte
2. Zur vorher festgelegten Zeit anfangen
3. Nur kleine Schritte machen
4. Die eingeplante Zeit verdoppeln
5. Sich zum Abschluss selbst belohnen

## Bremsklotz Nummer 8: Entscheidungsschwäche

20. August 2008, Flughafen Madrid Barajas: 154 Menschen sterben, als eine Maschine der Spanair unmittelbar nach dem Start abstürzt. Die Cockpit-Crew hatte vergessen, beim Start die Landeklappen auszufahren, das Flugzeug gewann nicht genug Höhe. Zuvor waren zwei Starts bereits abgebrochen worden, die Piloten standen unter großem Druck und hatten es schlicht vergessen. Zeit- und Erfolgsdruck waren zu groß. Stress kann dazu führen, dass man naheliegende Dinge übersieht und leicht Fehler macht. In Ihrem Berufsalltag müssen Sie häufig ebenso schnelle Entscheidungen treffen wie ein Pilot. Und auch wenn die Folgen nicht derart gravierend sind: Wenn es an Tempo mangelt, hat dies seine Ursache häufig in falschen oder nicht getroffenen Entscheidungen.

Der frühere CEO von General Electric, Jack Welch, gab in einem Interview zu: *„Mein größter Fehler war es, mich zu lange mit schwierigen Entscheidungen zu quälen. Ich hätte sie schneller fällen sollen."* Diese Tendenz betrifft jeden, in allen Bereichen des Lebens, in jeder Branche, auf allen Ebenen. Die Hauptsache ist, dass man Entscheidungen trifft. Wenn ich nichts mache, fühle ich mich als Opfer der Umstände – denn dann trifft jemand anderes eine Entscheidung.

**Entscheidungen nach Komplexität unterscheiden**

Glaubt man meinem geschätzten Kollegen, dem Kommunikationsexperten Peter Brandl, so bedürfen komplexe Fragen der Unternehmensführung einer rationalen Grundlage. Dies erfordert beispielsweise zunächst das Abwägen möglicher Konsequenzen, um zu einer guten Entscheidung zu gelangen. Das ist wichtig, benötigt aber Zeit. Anders verhält es sich mit Fragen ohne weitreichende Konsequenzen. Diese lassen sich ebenso gut intuitiv aus dem Bauch heraus treffen. Und damit schnell.

Wann immer es jedoch in der Fliegerei um schnelle Entscheidungen geht, beispielsweise in Notsituationen, ist dies eine Abfolge antrainierter Mechanismen. Das bedeutet eine ganz einfache oder aber sehr komplexe Aneinanderreihung von Wenn-dann-Verknüpfungen, die – häufig anhand von Checklisten – eine klare Handlungsanweisung darstellen. Damit ist vorgegeben, wie der Pilot im Falle eintretender Notfälle zu reagieren hat. Und er reagiert – ganz automatisch – mittels der einstudierten Abfolge von Handlungen. Dies verschafft ihm einen entscheidenden Vorsprung. Und lässt ihn innerhalb von Sekundenbruchteilen festlegen, was er zu tun hat. Der Managementtrainer und Berufspilot Peter Brandl empfiehlt hierzu drei Fragen, die man sich vor jeder wichtigen Entscheidung stellen sollte:

**Praxis-Transfer**

Drei Fragen, die Sie sich vor wichtigen Entscheidungen stellen sollten:

1. Was befürchte ich?
2. Was könnte schlimmstenfalls passieren?
3. Was passiert, wenn ich nichts mache?

## Bremsklotz Nummer 9: Energielosigkeit

Die Freizeit schwindet und der Burnout nimmt zu. 2012 lag der Anteil der EU-Bewohner, die an einer psychischen Krankheit litten, bei 38 Prozent – jeder Dritte war psychisch angeschlagen. Die Arbeitsbedingungen werden immer härter, stressiger, die Arbeitnehmer müssen oft auch in der Freizeit erreichbar sein und zu allem Überfluss wird dieser verinnerlichte Leistungsanspruch auf andere Aktivitäten wie Sport oder Gesellschaft übertragen. Die Gründe dafür sind sowohl in der Über- als auch in der Unterforderung durch Erwerbstätigkeit zu suchen. Die Menschen vermissen neben der Zeit selbst vor allem Muße, Sinnhaftigkeit ihres Tuns und soziale Einbettung.

*Über- und Unterforderung*

Dieses Problem stellt sich in den Chefetagen häufig nicht. Doch gerade dort gilt: Wachen Sie auf! Wenn Sie regelmäßig Überstunden machen, weil Ihr Unternehmen abhängig von Ihnen ist, arbeiten Sie mit der falschen Strategie.

## Bremsklotz Nummer 10: Demotivation

**Motivation ist die Basis allen Erfolgs**

Wenn es an Motivation mangelt, die Energie fehlt, ist alles Gewünschte nur schwer realisierbar. Die grundlegende Frage ist die nach dem Warum, dem Motiv, aus dem sich das Wort Motivation ableitet. „*Wenn das ‚Warum?' klar ist, wird das ‚Wie?' einfach*", wusste schon der großartige amerikanische Trainer Jim Rohn. Versäumen Sie es daher keinesfalls, diese Frage nicht nur für sich ganz persönlich, sondern gemeinsam mit Ihren Mitarbeitern für das gesamte Unternehmen und jeden Einzelnen darin zu beantworten. Nur so können Sie sich auf den Weg machen, zu einem der schnellsten Unternehmen unserer Zeit zu werden. Wenn Ihre Motive klar sind, werden die Tipps des nachfolgenden Kapitels auf fruchtbaren Boden fallen.

### Take-aways

- Identifizieren Sie Ihre persönlichen Bremsklötze.
- Beeinflussen Sie die veränderbaren Faktoren Ihres individuellen Arbeitsstils.
- Schnelle Entscheidungen, unmittelbare Handlungsorientierung und persönliche Motivation sind die Schlüssel zu einem schnelleren Arbeitstempo.

# 6. As soon as possible

## So machen Sie Geschwindigkeit zu Ihrem Markenzeichen

*„Die Fähigkeit, schneller zu lernen als die Konkurrenz, ist vielleicht der einzig wirkliche Wettbewerbsvorteil."*

ARIE DE GEUS
(SHELL-MANAGER, *1930)

## Worum geht´s?

- Warum die richtige Einstellung zur Geschwindigkeit die entscheidende Grundlage bildet
- Wie Sie die richtige Einstellung bei sich selbst und Ihrem Team fördern können
- Wie Sie bereits mit einer einzigen Maßnahme Ihre Lebensqualität unmittelbar steigern können

Die Ampel springt auf Grün. Zwei Dutzend mit Helmen, Handschuhen und feuerfesten Anzügen bekleidete Menschen springen zurück und machen den Weg frei. Der Motor heult auf und das Fahrzeug macht sich erneut auf die Strecke, um schnellstmöglich seine Höchstgeschwindigkeit von über 300 km/h zu erreichen. Der Fahrer kann nur noch einmal kurz durchatmen, bevor er weiterfährt. Das ganze Spektakel dauert nicht einmal zwei Sekunden. In der Formel 1 kann eine Zehntelsekunde über Sieg oder Niederlage entscheiden. Auch die Stopps können rennentscheidend sein. Möglichst kurz in der Box zu stehen ist daher das oberste Ziel. Hier zählt jeder Sekundenbruchteil. Wird der eigene Boxenstopp schneller absolviert, kann man seine Konkurrenz unter Umständen indirekt überholen.

**Best Practice: Formel 1**

Alles hängt an den Reifenwechseln. Für jedes Rad sind drei Mechaniker tätig. Sie trainieren regelmäßig, um die Arbeiten möglichst schnell zu verrichten. Und es wird hart trainiert: Die Crews bereiten sich ganzjährig intensiv auf diese Herausforderung vor. Ferrari absolviert jährlich über 1900 Radwechsel. Und der Rennstallleiter des Red-Bull-Teams sagt: *„Wir waren immer schon schnell, aber jetzt muss man die ganze Sache wesentlich wissenschaftlicher angehen. Die Boxencrew hat im Winter wie die Hölle trainiert und traf sich zweimal täglich im Kraftraum."*

Die exakten Standzeiten werden akribisch analysiert. Der große Aufwand zeigt Wirkung. Lag die Zeit für einen Reifenwechsel bei Ferrari 2009 noch im Schnitt zwischen 3,5 und 4,1 Sekunden, glückte dem Team 2013 beim Großen Preis von Japan in Suzuka ein Rekord-Boxenstopp. Dort benötigten die Mechaniker gerade einmal 1,85 Sekunden, um alle vier Räder am Fahrzeug von Fernando Alonso zu tauschen. Den absoluten Bestwert aber gebe es gar nicht, heißt es zumindest bei Ferrari. Der Leiter des Boxenstopp-Programms hat die Devise ausgegeben: *„Wichtig sind konstant gute Zeiten! Das Ziel ist es, beim Reifenwechsel bloß kein Rennen zu verlieren."*[9]

### Zeit – unsere wertvollsten Ressource

**Effektiv und effizient**

Nicht nur im Rennsport ist Zeitmanagement ein ernstes Geschäft! Die Fähigkeit und die Notwendigkeit, das knappe Gut „Zeit" effektiv und effizient einzusetzen, entscheiden heute mehr denn je über den Erfolg. Früher oder später stellt nahezu jeder zweifellos fest, dass Zeit die wertvollste Ressource ist, die er besitzt. Doch wie können Sie mit dieser Entwicklung Schritt halten und das erforderliche Tempo gehen, ohne dass dabei Ihre Lebensqualität zu kurz kommt?

Auf der Suche nach einer befriedigenden Antwort werden Jahr für Jahr Dutzende Bücher veröffentlicht, die uns sagen, wie wir Zeit sparen oder mehr in weniger Zeit erledigen können. Doch hat dies zu mehr frei verfügbarer Zeit geführt? Konnte dadurch die Lebensqualität maßgeblich gesteigert werden? Im Gegenteil: Die Menschen beeilen sich zwar dabei, mehr Informationen aufzusaugen, doch sie haben zugleich Schwierigkeiten, damit Schritt zu halten. Inzwischen könnte unser Tag gut und gerne 48 Stunden haben, ohne dass wir es schaffen würden, alles zu erledigen. Was bleibt, ist die ernüchternde Erkenntnis: Nach wie vor haben wir jeden Tag nur 24 Stunden Zeit. Dies ist die einzige Konstante in einer sich rasant verändernden Arbeitswelt. Deshalb erfordern die aktuellen Veränderungen vollkommen neue Denk- und Verhaltensweisen.

Wenn ich morgen bessere Ergebnisse erzielen will, darf ich heute nicht mit einem Zeitmanagement von gestern arbeiten.

Denn unsere Wahrnehmung von Zeit ist eine andere, als sie uns auf unseren Uhren angezeigt wird. Tatsächlich ist sie abhängig von Stimmung, Alter und persönlichem Tempo. Wer den gegenwärtigen Anforderungen gewachsen sein will, braucht mehr als ein paar überholte Arbeitstechniken. Heute stehen jedermann durch modernes Zeitmanagement ungeahnte Möglichkeiten zur Verfügung, um Zeit produktiver zu nutzen und Aufgaben schneller zu erledigen als je zuvor.

## Ein neues Zeitbewusstsein

Das Bekenntnis zu Geschwindigkeit ist eine Entscheidung. Tempo ist in allererster Linie Einstellungssache. Ihre Einstellung ist der wichtigste Punkt von allen. Er überwiegt sogar Ihre Fähigkeiten. Letztere lassen sich entwickeln, die Einstellung hingegen ist eine grundsätzliche Angelegenheit. Gründe genug, um sich für ein neues Zeitbewusstsein zu entscheiden und dadurch in kürzerer Zeit nicht nur bessere Ergebnisse zu erzielen, sondern vor allem mehr Lebensqualität zu gewinnen.

**Das Bekenntnis zu Geschwindigkeit ist eine Entscheidung**

Persönliche Arbeitsmethodik alleine wird Sie hier nur bedingt weiterbringen. Es gilt, die Perspektive zu wechseln, wenn wir das Geschwindigkeitszeitalter nicht nur überleben, sondern zu unseren Gunsten nutzen wollen.

> Wenn ich die Dinge, die ich tun muss, so schnell wie möglich erledige, habe ich für die Dinge, die ich gerne tue, umso mehr Zeit.

**Tempo ist eine Frage der Einstellung**

Es gilt nicht nur, die eigene Einstellung zu hinterfragen, sondern auch die Mitarbeiter zu einem Umdenken zu bewegen. Es braucht ein klares Bekenntnis zur Leistung durch Tempo. Erst, wenn Geschwindigkeit zur Unternehmensphilosophie erklärt wird, führt dies zu konsequenter Kundenorientierung. Erkennt Ihr Team den Mehrwert von Geschwindigkeit hingegen nicht, ist es unmöglich, in diesem Bereich dauerhaft Bestleistungen zu erzielen.

Stellen Sie sich ein Formel-1-Team vor, das in der Box beim Reifenwechsel nicht alles gibt, um die eigene Bestmarke zu unterbieten und für seinen Fahrer und sein Team alles herauszuholen, was möglich ist. Das ist weniger eine Frage der Technik und der richtigen Handgriffe. Diese sind erlernbar. Was man weniger von außen vermitteln kann, sind die intrinsische Motivation und der Stolz, in diesem Team mitwirken zu dürfen: für einige Sekundenbruchteile alles zu geben und damit einen nicht zu unterschätzenden Beitrag zum Gesamterfolg zu leisten.

**Eine Kette ist nur so stark wie ihr schwächstes Glied**

Hier gilt auch in der Außenwirkung: Eine Kette ist nur so stark wie ihr schwächstes Glied. Überprüfen Sie daher die Fähigkeiten Ihrer vorhandenen sowie Ihrer neuen Teammitglieder im Vorfeld weniger daraufhin, wie es um die individuellen Arbeitstechniken bestellt ist. Diese Skills lassen sich auf verschiedenen Wegen problemlos erlernen. Das richtige Training kann hier Wunder bewirken. Viel wichtiger ist die Basis, auf der aufgebaut wird. Die Saat kann nur auf fruchtbarem Boden gedeihen. Ein

Mitarbeiter, dem es an Engagement und Begeisterung für eine bedingungslose Ausrichtung des gesamten Unternehmens auf Geschwindigkeit im Dienste des Kunden fehlt, wird dieses Unterfangen früher oder später zwangläufig bewusst oder unbewusst torpedieren.

Wie bei allen Impulsen in diesem Buch gilt in erster Linie: Fangen Sie bei sich selbst an. Sie müssen Initiator und Vorbild zugleich sein. Wie heißt es so schön: „Wenn du eine Sache erledigt haben willst, gib sie einem vielbeschäftigten Mann." Im Lauf der Jahre durfte ich feststellen, dass dies nicht nur richtig ist, sondern auch für vielbeschäftigte Frauen gilt.

**Initiative ergreifen**

## Wie Sie Ihre Ergebnisse verdoppeln

Wir alle können Dinge in weit kürzerer Zeit zu Ende bringen, als wir denken. Und dabei können wir sogar noch einen richtig guten Job machen. Leider haben viele Menschen, auch Unternehmer, die Angewohnheit, an Dingen um ein Vielfaches länger zu arbeiten, als dies erforderlich wäre. Wir verbringen Tage, Wochen, Monate damit, Ergebnisse wieder und wieder zu überarbeiten. Warum eigentlich?

**Diese Tipps helfen, die richtige Einstellung zu gewinnen:**

- Betrachten Sie Arbeit als Spiel.
- Laufen Sie ein Rennen gegen sich selbst.
- Entwickeln Sie einen Highspeed-Reflex.
- Setzen Sie sich selbst eine Deadline.
- Seien Sie pünktlich – ohne Kompromisse.
- Machen Sie „ASAP" zu Ihrer Standard-Reaktion.
- Arbeiten Sie weniger – ab sofort.
- Stay hungry – bleiben Sie motiviert.

### Betrachten Sie Arbeit als Spiel

Betrachten Sie es als Spiel. Liegt der Ball in Ihrem Feld? Dann schlagen Sie ihn unmittelbar und so schnell wie irgend möglich wieder zurück. Sie werden sich wundern, wie viel Arbeit Sie in kürzester Zeit bewältigen können. Vergessen Sie hierbei jedoch nicht, vorab zu überprüfen, ob die Dinge überhaupt erledigt werden müssen.

>> Was es nicht wert ist, getan zu werden, ist es auch nicht wert, schnell getan zu werden.

### Laufen Sie ein Rennen gegen sich selbst

Entwickeln Sie ein Gefühl für Dringlichkeit, das Sie antreibt. Versuchen Sie eine Aufgabe so schnell wie möglich abzuschließen. Erarbeiten Sie sich das Image, unglaublich schnell zu sein. Seien Sie stets bemüht, Ihre Kunden, Mitarbeiter, Kollegen und Vorgesetzte durch atemberaubendes Tempo zu beeindrucken.

### Entwickeln Sie einen Highspeed-Reflex

*Nur schnell realisierte Ideen setzen sich durch*

Geschwindigkeit ist auch das Zauberwort für Ihre Ideen, denn wenn Sie auf ihnen sitzen bleiben, wird Ihnen jemand anders zuvorkommen. Ich bin fest davon überzeugt, dass, wenn Sie eine Idee haben, der gleiche Einfall zur gleichen Zeit auch anderen Menschen auf dem Planeten kommt. Wenn Sie also nicht unmittelbar mit der Umsetzung beginnen, geben Sie den anderen die Gelegenheit, ihre Idee vor Ihnen zu realisieren und Sie damit zu verdrängen. Der Unterschied zwischen Ihnen und allen anderen sollte es daher sein, sich nicht lange mit Zweifeln aufzuhalten. Handeln Sie stattdessen unmittelbar. Wenn sich etwas für Sie richtig anfühlt: Geben Sie Vollgas!

## Setzen Sie sich selbst eine Deadline

Wenn Druck von außen kommt, empfinden wir ihn als negativen Stress. Dennoch sind die meisten Menschen unter Zeitdruck in der Lage, ihre Arbeit in der Hälfte der Zeit zu erledigen. Geht es Ihnen nicht auch so? Wenn wir in Bezug auf die Fertigstellung einer Aufgabe mit dem Rücken zur Wand stehen, hilft uns die Ausnahmesituation dabei, unsere Konzentration wie einen Laserstrahl zu bündeln. Alle in uns schlummernde Energie, Kraft und Kreativität steht uns in solchen Momenten direkt zum Bewältigen der Herausforderung zur Verfügung. Denken Sie einmal zurück: Ich bin sicher, Sie finden in Ihrem Geschäftsalltag mehr als genug Beispiele dafür, dass Sie etwas in Lichtgeschwindigkeit fertigstellen mussten und dies mit Bravour gemeistert haben.

Wann war Ihre letzte Präsentation fertig? Die Antwort lautet höchstwahrscheinlich: am Abend vor dem Termin. Das bedeutet: Wenn Sie ein volles Jahr Zeit hätten, würden Sie wahrscheinlich genau diese Zeitspanne dazu benötigen. Und wahrscheinlich wäre das Ergebnis deshalb keinen Deut besser. Es würde Ihnen nur den Vorwand liefern, sich ein ganzes Jahr lang Gedanken und Sorgen zu machen, statt mit der Intensität daran zu arbeiten, die eine kürzere Zeitspanne erfordert. Das ist wie beim Platz: Je mehr Schränke Sie haben, desto mehr Ballast heben Sie auf.

*Zeit und Platz: Je mehr man hat, desto mehr braucht man*

### Praxis-Transfer

#### Setzen Sie Deadlines

Parkinsons Gesetz besagt, dass eine Aufgabe sich so lange hinzieht, wie man ihr Zeit gibt. Dementsprechend wird sich die benötigte Zeit für eine Sache in dem Maß ausdehnen, wie Sie es ihr einräumen. Die meisten Arbeiten sind unendlich dehnbar. Benennen Sie stattdessen einen konkreten Termin und einen entsprechenden Zeitrahmen. „Ein paar Wochen" oder „einige Stunden" gilt nicht. Je spezifischer Sie sich festlegen, desto größer sind Ihre Chancen, dass Sie etwas schnell erledigen. Geben Sie sich daher ganz bewusst eine kurze Frist für die Erledigung jeder Aufgabe, um sich selbst unter Druck zu setzen und auf Kurs zu bleiben. Viele benutzen ein Zeitplanbuch mit einer Spalte „Heute zu erledigen" oder schreiben sich separate Listen. Das ist toll. Noch weit näher am Ideal sind Sie allerdings, wenn Ihre To-do-Liste immer kürzer wird, weil Sie die meisten Dinge sofort erledigen.

### Beherzigen Sie die Fünf-Minuten-Regel

Setzen Sie sich als Zeitlimit fünf Minuten und betrachten Sie die Sofort-Erledigung einer Aufgabe als sportliche Herausforderung, nach dem Motto: „Wenn ich die erforderlichen Infos innerhalb der nächsten fünf Minuten bekomme, erledige ich es sofort!"
In fünf Minuten lässt sich allerhand schaffen: ein Anruf, Nachschlagen in einem Ordner, im Internet suchen. Auch die meisten Entscheidungen können Sie gut und gerne innerhalb von fünf Minuten treffen. Kurze Nachfrage bei einem Mitarbeiter und fertig. Innerhalb von fünf Minuten können Sie vor allem die Dinge selbst erledigen, deren Delegation jeweils mindestens fünf Minuten dauern würde. „Tu es selbst" ist neben dem notwendigen Delegieren langwieriger Arbeiten ein wichtiges Prinzip. Achten Sie allerdings darauf, ob es sich um wiederkehrende Prozesse handelt. Denn auch wenn Sie sich jede Woche einer Aufgabe für nur fünf Minuten widmen, ist es weit lohnender, einmalig 15 Minuten auf die endgültige Delegation zu verwenden.

### Seien Sie pünktlich – ohne Kompromisse

Wenn es eine Eigenschaft gibt, die kompromisslos umgesetzt werden muss, lautet diese „Pünktlichkeit". Sie ist der Inbegriff der Zuverlässigkeit und absolut alternativlos. Dabei spielt es keine Rolle, ob Sie einen zugesagten Termin gegenüber Ihrem Kunden einhalten oder ein Meeting mit Ihren Mitarbeitern pünktlich beginnen beziehungsweise beenden. Gerade bei der persönlichen Pünktlichkeit ist mir durchaus bewusst, dass Vorgesetzte diese häufig aufgrund der Hierarchie als weniger wichtig einschätzen. Generell signalisiert Unpünktlichkeit: „Meine Zeit ist wichtiger als deine." Das ist nicht die Botschaft, die Sie vermitteln sollten – egal, wem gegenüber. Ich weiß, wovon ich spreche, schließlich war auch mein Motto viele Jahre: „Wer immer pünktlich ist, auf den wartet niemand." Ein Freund gab, nachdem er wieder einmal auf mich warten musste, in Anspielung auf meine Unpünktlichkeit meinem Vortrag „Zeitmanagement 3.0" gar den Untertitel „Pünktlich war gestern". Ich habe allerdings darauf verzichtet, diese wohlmeinende Anregung aufzugreifen. Stattdessen habe ich mich entschieden, einfach pünktlicher zu sein. Sie sollten das auch in Erwägung ziehen.

## Machen Sie „ASAP" zu Ihrer Standard-Reaktion

ASAP sollte zu Ihrem Markenzeichen werden. Erledigen Sie Dinge unmittelbar. Arbeiten Sie deshalb nach dem Prinzip „So schnell wie möglich" und tun Sie es gleich. „Tu es jetzt" sollte Ihr Mantra werden.

**Sofort reagieren**

> Die Abkürzung ASAP („As soon as possible" – wörtlich: „So bald wie möglich") war ursprünglich als Kommando im US-Militär gebräuchlich und wird nach wie vor auch in der Luftfahrt verwendet. Heute ist sie als gängige Abkürzung insbesondere im Internet rege in Gebrauch. Dort finden sich außerdem gelegentlich die folgenden Alternativen:
>
> SASPO – „Soon as possible" – „So bald wie möglich"
>
> Simultan und in Echtzeit wird dort wie folgt abgekürzt:
>
> ATM – „At The Moment" – „Jetzt gerade"

> Und falls das Feld an Ihnen vorbeirauscht und Sie sich nur noch wundern, war es wahrscheinlich:
>
> 2F4U – „Too Fast For You" – „Zu schnell für dich"

## Arbeiten Sie weniger – ab sofort

**Vor dem Urlaub geht alles ganz schnell**

Können Sie sich an Ihren letzten vierzehntägigen Urlaub erinnern? Viele Unternehmer blicken in dem Augenblick, in dem ich diese Frage in einem Seminar stelle, betreten zu Boden. Urlaub? Vierzehn Tage? Undenkbar! Für diejenigen Leser, die sich noch an eine derart üppige Auszeit erinnern können, wird der Tag vor der Abreise häufig um ein Vielfaches produktiver gewesen sein als all die Tage, die davor am Schreibtisch verbracht wurden. Denn: Am Tag vor Ihrem Urlaub schaffen Sie es plötzlich, die Ablage, die schon seit Wochen überquillt, restlos zu bearbeiten. Meetings werden wesentlich kürzer und man hat mit allen wichtigen Mitarbeitern gesprochen. Die Vertretungsbefugnisse während Ihrer Abwesenheit sind klar und jeder weiß, was zu tun ist. Alle wesentlichen Projekte werden auf den aktuellen Stand gebracht, weiter vorangetrieben oder sogar noch rechtzeitig vor dem Urlaub abgeschlossen. Plötzlich geht alles ganz leicht und doppelt so schnell von der Hand. E-Mails arbeiten Sie in einem Bruchteil der Zeit ab und räumen Ihre Postfächer.

Gleichzeitig liegen Ihnen an diesem Tag die Tickets vor, sind die Koffer gepackt und falls erforderlich die entsprechenden Devisen besorgt. Anrufbeantworter und Autoresponder sind programmiert und kündigen Ihre Abwesenheit an. Diese Tage empfinden wir als maximal produktiv, und auch wenn sie mit Tätigkeiten vollgestopft sind, so sind die erledigten Aufgaben durchweg von hoher Priorität.

Woran liegt es, dass wir alle offenen Schubladen plötzlich so viel schneller als gewöhnlich schließen und unsere Aufgaben auf einmal in Rekordgeschwindigkeit erledigen? Wir haben plötzlich einen Anreiz, um schneller zu arbeiten. Wir haben ein klares Ziel mit entsprechender Deadline! Führt dies zu negativem Stress? Im Gegenteil. Solche Tage sind perfekt und vermitteln das Gefühl, wirklich etwas geschafft zu haben.

**Mit einem Ziel vor Augen geht es schneller**

Es gibt einen weiteren Tag, an dem wir höchst produktiv sind. Das ist der erste Bürotag nach einem Urlaub. Wir sehen unser Postfach mit Hunderten von Mails in der Hälfte der Zeit durch. Auch mit der Eingangspost beschäftigen wir uns nur so kurz wie notwendig. Wir lassen uns von den Mitarbeitern auf den aktuellen Stand bringen, treffen Entscheidungen und sind sofort wieder auf dem Laufenden.

Stellen Sie sich vor, Sie verreisen jeden zweiten Monat für eine Woche, wofür Sie jeweils zwei derart produktive Tage verbuchen können. Am Ende des Jahres bedeutet das: Sie hatten zwölf Tage maximaler Produktivität und sechs Wochen Urlaub. Jetzt verdoppeln wir dies: Das wären dann 24 Tage maximaler Produktivität. Ich bin überzeugt, Sie sind in der Lage, in diesen 24 Tagen ein Vielfaches dessen zu erwirtschaften, was Ihre zwölf Wochen Urlaub pro Jahr kosten würden. Aber Sie müssen nicht gleich so drastisch starten, um dieses Prinzip zu Ihren Gunsten einzusetzen. Um sinngemäß mit den Worten des oben erwähnten britischen Soziologen Cyril Northcote Parkinson (1909 – 1993) zu sprechen:

Arbeit dehnt sich grundsätzlich auf den ihr zur Verfügung gestellten Zeitraum aus.

Machen Sie sich diese Gesetzmäßigkeit zunutze: Zwingen Sie sich dazu, die Zeit, in der bestimmte Aufgaben fertigzustellen sind, weiter einzugrenzen, um Ihre produktive Zeit zu steigern.

Konzentrieren Sie sich, erledigen Sie das Wenige, das wirklich entscheidend ist, und sehen Sie zu, dass Sie aus dem Büro verschwinden.

Die ersten beiden Aufgaben, die ich jedem meiner Klienten stelle, der sich meinem Premium-Coaching-Programm anschließt, um innerhalb von zwölf Monaten seine persönliche Produktivität zu steigern, sind folgende:

**Praxis-Transfer**

Gehen Sie pro Woche einen Tag weniger ins Büro

Wählen Sie einen Wochentag aus, an dem Sie ab sofort nicht mehr ins Büro gehen. Bei mir ist es der Freitag, andere Unternehmer bevorzugen den Montag oder Mittwoch. An diesen Tagen können Sie stattdessen ab sofort selbstbestimmt an Ihren wichtigsten Projekten und damit „am" statt „im" Unternehmen arbeiten. Das setzt natürlich voraus, dass die Aufgaben klar verteilt, die Prozesse unmissverständlich definiert sind und Ihre eigene Arbeitsmethodik höchst effizient ist, um alles Erforderliche an den übrigen Tagen zu bewältigen. Diesen Fähigkeiten widmen wir uns in den kommenden Kapiteln. Doch beginnen Sie gleich jetzt damit, den freien Tag für die kommende Woche festzulegen. Es ist der erste und wichtigste Schritt zu einer gewinnbringenden Einstellung.

Machen Sie pünktlich Feierabend

Machen Sie pünktlich Feierabend. Nicht nur, dass Ihnen dann mehr Zeit für Ihre privaten Aktivitäten zur Verfügung steht, Sie arbeiten auch während der begrenzten Zeit im Büro effektiver. Doch so logisch dieser Ansatz auch klingen mag, so oft wird er dennoch ignoriert. Oder wann sind Sie das letzte Mal pünktlich nach Hause gegangen?

## Stay hungry – bleiben Sie motiviert

Es hat natürlich auch Nachteile, Erster zu sein. Niemand gibt Ihnen die Pace vor. Sie sind Ihre eigene Benchmark. Es gilt daher, immer wach zu sein und hungrig zu bleiben. Sorgen Sie dafür, dass es zur Grundphilosophie für alle in Ihrem Unternehmen wird, sich regelmäßig aus der Komfortzone zu bewegen und über sich hinauszuwachsen. Und selbstredend gehen Sie mit gutem Beispiel voran.

Keine der genannten Eigenschaften setzt zwingend eine von Geburt an angelegte Fähigkeit voraus. Um ein guter Sprinter zu werden, wird Sie Training weiter bringen als Talent. Bitte nehmen Sie nicht an, dass Sie solche Ergebnisse jeden einzelnen Tag Ihres Lebens produzieren. Niemand ist jeden Tag gleichermaßen maximal produktiv. Arbeiten Sie regelmäßig daran. Wie mit einer Art Geschwindigkeits-Fitnessprogramm, das Ihr Tempo steigert.

**Training bringt Sie weiter als Talent**

---

### Praxis-Transfer

**Selbst-Reflexion: Packen Sie es an**

Sehen Sie sich regelmäßig in Ihrem Leben um und beantworten Sie sich die nachfolgenden Fragen:

- Was ist eine profitable Aufgabe, die schon geraume Zeit auf meiner Liste steht und bereit ist, in Angriff genommen zu werden?
- Wie kann ich die gleichen Ergebnisse erzielen, obwohl ich die Zeit für diese Aufgabe halbiere?
- Welche eine Sache würde ich gerne möglichst schnell erledigen?
- Vor welchen wiederkehrenden Aufgaben drücke ich mich buchstäblich bis zur letzten Minute?

- Welche Vorteile hätte ich, wenn ich meine Ausreden aufgeben und die aufgeschobenen Aufgaben zuerst erledigen würde?
- Listen Sie alle Aufgaben auf, die beschleunigt werden könnten, wenn Sie einen konkreten Endtermin setzten.

### Take-aways

- Entscheiden Sie sich bewusst für eine positive Einstellung gegenüber Geschwindigkeit.
- Entwickeln Sie den Ruf, Dinge so schnell wie möglich zu erledigen.
- Arbeiten Sie schneller, indem Sie Ihre Arbeitszeit verkürzen.

# 7. Durchbrechen Sie die Schallmauer

Wie Sie anders arbeiten können, um bessere Ergebnisse in der Hälfte der Zeit zu erzielen

*„Wenn du alles unter Kontrolle hast, bist du nicht schnell genug."*

MARIO ANDRETTI
(EHEMALIGER FORMEL-1-WELTMEISTER, *1940)

**Worum geht´s?**

- Warum die Schnellen statt der Perfekten siegen
- Wie Sie alles Wichtige sofort beginnen
- Welcher Trick Ihnen dabei hilft, sich konzentriert Ihrer wichtigsten Aufgabe zu widmen

Unser erstes telefonisches Coaching-Gespräch hat gerade begonnen, als ich die unvermeidliche Frage stelle: *„Was ist Ihr Ziel?"* Es ist für mich ein wesentliches Kriterium, welche Motivation ein Klient mitbringt, eine einjährige Zusammenarbeit mit 14-täglichen Telefonaten von jeweils 45 Minuten und einer vierstelligen monatlichen Investition einzugehen, bevor ich mich für seine Aufnahme in meine geschlossene Premium-Coaching-Gruppe entscheide. Die Antwort kommt wie aus der Pistole geschossen und erstaunt mich nicht wenig: *„Ich möchte gerne eine Stunde länger schlafen."* Der Metallbauer aus Niedersachsen hat ein erfolgreiches Unternehmen mit mehr als 120 Mitarbeitern aufgebaut und wünscht sich nichts sehnlicher, als morgens nicht mehr um 4:30 Uhr aufstehen zu müssen.

„Sie sind selbstständig. Was hindert Sie?", gebe ich zur Antwort. „Ich habe einfach das ungute Gefühl, dass es nicht richtig läuft, wenn ich nicht selbst jeden Morgen durch unsere Hallen gehe, um nach dem Rechten zu sehen, bevor unsere Leute auf die Baustellen ausrücken", lautet seine Rechtfertigung.

### Ergebnis statt Zeit

Produktivität
= Leistung : Zeit

Auch wenn es fast schon als Status-Symbol gelten mag, keine Zeit zu haben und seine Arbeitszeit durch unzählige Überstunden auszudehnen, die Formel für Produktivität lautet: Leistung geteilt durch Zeit. Besonders interessant dabei: Die Effektivität einer Tätigkeit kann danach nicht mehr notwendigerweise an der Zeit festgemacht werden, die man zur Bewältigung benötigt. Sie bemisst sich stattdessen am Verhältnis vom Aufwand zum Ergebnis. Die Frage von entscheidender Bedeutung ist daher: Wie lange dauert es?

Fälschlicherweise wird Produktivität häufig mit Dauer verwechselt. Dabei ist nicht der besonders produktiv, der regelmäßig Überstunden macht und damit einen Acht-Stunden-Tag auf zwölf Stunden verlängert, sondern der, der in der Lage ist, seine Aufgaben in nur vier Stunden zu erledigen. Denn jedwede Dauer, die eine Sache in Anspruch nimmt, muss direkt von Ihrer Lebenszeit in Abzug gebracht werden. Das mag im Einzelfall ein größeres Zeitinvestment rechtfertigen. Nämlich genau dann, wenn der emotionale oder wirtschaftliche Return on Investment im Verhältnis zu der von Ihnen eingesetzten Zeit unter dem Strich lohnend erscheint. Aber dafür entscheiden Sie sich bewusst, ganz rational.

Dauer mit Qualität zu verwechseln ist offensichtlich tief in uns verwurzelt. Bei vielen unserer Auftraggeber muss mein Trainer-Team zunächst einmal argumentieren, warum ein Halbtages-Workshop häufig um ein Vielfaches wirksamer ist als ein Ganztages-Training. Natürlich war dies zunächst in Bezug auf unsere Honorare eine kontraproduktive Empfehlung. Inzwischen jedoch lassen wir uns für die Ergebnisse statt für die Zeit bezahlen. Wir messen unseren Erfolg also am Output statt am Input. Und das sollte auch für jedes Unternehmen im Bereich der Personalentwicklung die ausschlaggebende Größe sein.

Um diese ergebnisorientierte Form der Geschwindigkeit zu erlangen, ist eine effektive Arbeitstechnik unerlässlich. Hierbei kommt der persönlichen Arbeitsmethodik eine enorme Bedeutung zu. Da die Zeit, die uns für unsere Arbeit zur Verfügung steht, immer knapper wird, müssen Sie Ihre Fähigkeit verbessern, alles Wichtige so schnell wie möglich zu erledigen. Dabei helfen Ihnen die nachfolgenden Tipps:

**Persönliche Arbeitsmethodik**

**Grundsätze, um die persönliche Arbeitsmethodik zu optimieren**

- Konzentrieren Sie sich auf das Wesentliche.
- Schaffen Sie fokussierte Klarheit.
- Reduzieren Sie Ihr Arbeitsvolumen.
- Weisen Sie Aufgaben konsequent zurück.
- Kommen Sie ins Handeln.

### Konzentrieren Sie sich auf das Wesentliche

Zu Beginn des 20. Jahrhunderts erkannte der weiter oben schon erwähnte italienische Soziologe und Ökonom Vilfredo Frederico Pareto, dass 20 Prozent der italienischen Familien über rund 80 Prozent des Volksvermögens verfügen. 1895 konnte noch niemand ahnen, welch großen Einfluss dieses in der Folge nach ihm benannte Prinzip nicht nur auf unser Wirtschaftsleben haben würde. Denn die diesem Prinzip zugrunde liegende Gesetzmäßigkeit ließ sich in nahezu allen Lebensbereichen nachweisen. Wir können dies in zahlreichen Situationen beobachten:

### Beispiele für das Pareto-Prinzip

- In 20 Prozent Ihrer E-Mails sind 80 Prozent der wesentlichen Nachrichten enthalten.
- Das Erstellen einer Präsentation lässt sich oft in 20 Prozent der Zeit bewerkstelligen, wohingegen die Formatierung 80 Prozent der Zeit kostet.
- In Besprechungen kommt man in 20 Prozent der Zeit gewöhnlich zu 80 Prozent der Beschlüsse.
- Im Verkauf machen 20 Prozent der Verkäufer 80 Prozent des Umsatzes, indem sie mit 20 Prozent der Kunden 80 Prozent der Einnahmen erzielen.
- Grundsätzlich lassen sich am Schreibtisch mit 20 Prozent der Zeit bereits 80 Prozent der Aufgaben bewältigen.

*20 Prozent Input = 80 Prozent Output*

Wer seine Zeit optimal planen will, muss wissen, dass im Regelfall 20 Prozent der Aufgaben und Aktivitäten so wichtig sind, dass sich damit 80 Prozent des Arbeitserfolgs erzielen lassen. Die restlichen 80 Prozent der Zeit tragen dagegen nur noch zu 20 Prozent zum Ergebnis bei. Mit anderen Worten: Wenn Sie eine Aufgabenliste erstellen, die zehn Punkte enthält, wird sich die Erledigung der ersten beiden Punkte dieser Liste meistens als wertvoller erweisen als die der restlichen acht Punkte zusammen.

Was bedeutet das für Ihr Tempo? Bezogen auf unser Ziel, unsere Arbeit zu beschleunigen, lässt sich das Pareto-Prinzip insbesondere zugrunde legen, um unsere Geschwindigkeit maßgeblich zu steigern.

**Praxis-Transfer**

**Wenden Sie das Pareto-Prinzip an**

Konzentrieren Sie Ihre Energie grundsätzlich auf die entscheidenden 20 Prozent und halten Sie sich nicht mit den übrigen 80 Prozent auf. Widerstehen Sie der Versuchung, sich mit diesen vermeintlich leichteren Aufgaben zu beschäftigen. Definieren Sie stattdessen Ihre Schlüsselaufgaben. Nicht nur auf Basis Ihrer Tagesplanung, sondern generell in Ihrem Tätigkeitsfeld. Arbeiten Sie grundsätzlich an den Aufgaben mit dem höchsten Wert.

## Schaffen Sie fokussierte Klarheit

Stellen Sie sich folgende Situation vor, wie sie die US-amerikanischen Autorin Marie Forleo schildert[10]: Es ist Freitagnachmittag und Sie sind am Sonntag auf eine Hochzeit eingeladen, die von den Gästen verlangt, zwar in Freizeitkleidung, dafür aber ganz in Weiß zu erscheinen. Eine weiße Hose oder einen weißen Rock besitzen Sie bereits. Was Ihnen fehlt, ist ein passendes Oberteil. Da Sie nicht viel Zeit haben, entscheiden Sie sich, in die nächstgelegene Stadt zu fahren, in der sich das größte Bekleidungsgeschäft mit entsprechend reichhaltiger Auswahl befindet. Zu allem Überfluss steht ein verlängertes Wochenende bevor und Ihnen bricht der Angstschweiß aus, weil Sie vermuten, dass das Geschäft noch voller ist als sonst.

Was ist anders als sonst? Was passiert, wenn Sie genau wissen, dass Sie ein weißes Hemd oder eine weiße Bluse benötigen? Sie gehen in den Laden und sehen schlichtweg an jedem blauen, grauen, gelben, braunen, roten, grünen oder schwarzen Oberteil vorbei (je nachdem auch an jedem violetten, orange-, pink- oder türkisfarbenen). Sie nehmen diese Hemden oder Blusen überhaupt nicht wahr. Diese erscheinen gar nicht erst auf Ihrem Radar, denn Sie haben einen Tunnelblick. Sie sausen in den

*Sie sind ein Shopping-Jedi und die Macht ist mit Ihnen*

Laden wie der geölte Blitz und scannen innerhalb kürzester Zeit alle infrage kommenden Optionen. Sie sind ein Shopping-Jedi und die Macht ist mit Ihnen. Nach zehn Minuten, die Sie durch den Laden gestürmt sind, tragen Sie alle infrage kommenden Oberteile über dem Arm. Es kostet Sie weitere fünf Minuten in der Umkleide, um Ihre Auswahl anzuprobieren und sich für das am besten passende Hemd oder die am besten passende Bluse zu entscheiden. Sie gehen an die Kasse, bezahlen und verlassen den Laden. Sie haben genau das ausgewählt, was Sie benötigen, und hatten obendrein auch noch Spaß dabei.

Was ist passiert? Wo lag der Unterschied zwischen diesem Besuch und Ihren sonst üblichen Shoppingerlebnissen? Ganz einfach: Sie wussten genau, was Sie wollten. Sie brauchten ein weißes Oberteil. Das war alles. Punkt. Aus. Ende. Das Zauberwort lautet also: Klarheit!

Wenn es in Ihrem Geschäft chaotisch zugeht, ist es auch dort häufig die Klarheit, die Ihnen fehlt. Konzentrierte Klarheit verhilft Ihnen unmittelbar zu Tempo und laserscharfer Effektivität.

**Wer weiß, was er will, ist fokussiert**

Denken Sie darüber nach: Wenn Sie genau wissen, was Sie anstreben, eliminieren Sie unmittelbar alles, was darum herum liegt. Diese Form von fokussierter Konzentration ist wie eine Lupe, mit der sich ein Feuer entzünden lässt, indem sie die Sonnenstrahlen bündelt.

Bevor Sie sich an die Arbeit machen, müssen Sie genau wissen, was Sie erreichen möchten. Der größte Fehler, den wir begehen können, ist es, uns an den Computer zu setzen ohne eine priorisierte Aufgabenliste, die unsere Zeit und unsere Aktivität steuert. Und je erfolgreicher wir sind und je mehr wir zu tun haben, desto wichtiger wird dieses Vorgehen. Schon zehn Minuten Konzentration vor jeder Arbeitseinheit können wahre Wunder bewirken. Überlegen Sie genau, was Sie wollen, und versuchen Sie dann ständig effektiver zu werden. Ohne Klarheit darüber, was Sie erreichen wollen, werden Sie wahrscheinlich in das schwarze Loch des Internets gezogen, wo Sie zahllose Stunden mit YouTube-Videos verschwenden. Sich an die Arbeit zu setzen ohne einen klaren Plan ist wie durch ein Geschäft zu spazieren, in dem sich Tausende von Bekleidungsgegenständen befinden, ohne zu wissen, was man will.

**Praxis-Transfer**

Schaffen Sie Phasen der Konzentration

Schnelligkeit erfordert höchste Konzentration. Es ist entscheidend, dass Sie sich während wichtiger Arbeitsphasen keinerlei Unterbrechungen oder Ablenkungen gestatten: keine Statusmeldungen, E-Mails, Telefongespräche, kein Internetsurfen oder Pausieren. Sobald Sie von Ihren eigentlichen Aufgaben abgelenkt sind, werden Sie an Kompetenz verlieren. Bei kürzeren Zeitfenstern ist selbst der Gang zur Toilette verboten. Wenn Sie Hilfe von außen benötigen oder recherchieren müssen, halten Sie dies so kurz wie möglich. Bleiben Sie hoch konzentriert. Übrigens ist hohe Konzentration über eine kürzere Zeitspanne hinweg leichter aufrechtzuerhalten.

## Reduzieren Sie Ihr Arbeitsvolumen

Ein „durchschnittlicher" Unternehmer verbringt jeden Tag 12 bis 14 Stunden im Büro. Ohne hierbei US-amerikanische Zahlen zurate zu ziehen, die von maximal 29 bis 43 Minuten produktiver Arbeitszeit sprechen[11], dürfte selbst beim kühnsten Optimisten der prozentuale Anteil der produktiven Arbeitszeit während „normaler" Arbeitstage bei maximal einem Viertel liegen. Die Frage ist: Was „passiert" jenseits der produktiven Zeit? Wie ist sie ausgefüllt? In dieser Zeit werden ganz offensichtlich weniger wesentliche Aufgaben erledigt. Und zwar so lange, bis man irgendwann spätabends übermüdet den Nachhauseweg antritt.

**Durchschnittlich 14 Stunden im Büro?**

**Es muss nicht gleich eine Krankheit sein**

Neulich war ich krank, musste aber dennoch arbeiten. So blieb mir nichts anderes übrig, als meine Zeit im Büro und damit die von mir zu erledigenden Aufgaben dieses und auch des Folgetages auf das absolute Minimum zu reduzieren. Noch strenger als sonst verteidigte ich meine verfügbaren Ressourcen. Ich wusste, was keinen Aufschub duldete und unbedingt gemacht werden musste. Krank zu sein war wahrscheinlich eine der besten Methoden, um mich auf das Wesentliche zu konzentrieren. Die Erkenntnisse, die ich aus dieser Erfahrung gewonnen habe, wende ich seither regelmäßig auf meine Arbeitstage an. Und das, obwohl ich seit geraumer Zeit wieder kerngesund bin. Aber man muss nicht erst krank werden, um zu erkennen, wie wichtig Klarheit für den Erfolg ist.

**Unliebsame Aufgaben eliminieren**

Der effizienteste Weg, um eine Aufgabe zu erledigen, ist, sich ihrer zu entledigen. Wenn etwas nicht gemacht werden muss, streichen Sie es einfach von Ihrer To-do-Liste, löschen Sie es aus Ihrem Posteingang oder werfen Sie es weg.

### Praxis-Transfer

#### Wenden Sie die Pomodoro-Technik an

Auch die in den 1980er-Jahren vom Italiener Francesco Cirillo entwickelte Pomodoro-Technik kann Ihnen wunderbare Dienste leisten. Dabei unterteilen Sie eine beliebige Tätigkeit in einzelne 25-Minuten-Intervalle, die von 5-minütigen Pausen unterbrochen werden. Das hält den mentalen Energielevel hoch. Das Besondere an der Methode ist, dass Sie sich maximal konzentrieren können. Gleichzeitig motiviert Sie die begrenzte Zeit, auch schwierige Aufgaben innerhalb dieses relativ kurzen Zeitraums in Angriff zu nehmen. Vor allem aber werden Sie, das nahende Ende der zuvor festgelegten Zeit vor Augen, eine deutliche Steigerung Ihres Arbeitstempos erreichen. Nach meiner Erfahrung können Sie diese Technik auch dahingehend abwandeln, dass Sie ein längeres Zeitintervall für Ihre Aufgabe vorgeben. Wichtig ist lediglich: Tun Sie in dieser Zeit nichts anderes. So zwingen

Sie sich zu hoch konzentrierter Aktivität. Hierbei kann Ihnen ein simpler Küchenwecker großartige Dienste leisten. Starten Sie eine Eieruhr und zwingen Sie sich, innerhalb dieser Zeit ausschließlich an dieser Aufgabe zu arbeiten. Zwar beruhte die Ursprungsidee auf der Verwendung einer Eieruhr, aber Sie können natürlich auch die Countdown-Funktion Ihres Smartphones oder ein digitales Tool wie Focusbooster (www.focusboosterapp.com) nutzen.

**In sechs Schritten zu maximaler Konzentration**

1. Entscheiden Sie, welche Aufgabe Sie in Angriff nehmen wollen.
2. Legen Sie einen Zeitraum für das konzentrierte Arbeiten an dieser Aufgabe fest.
3. Stellen Sie den Wecker auf diese Zeit ein.
4. Arbeiten Sie an dieser Aufgabe, bis der Wecker klingelt.
5. Gönnen Sie sich eine Pause von mindestens fünf Minuten.
6. Nehmen Sie die nächste Aufgabe in Angriff.

## Weisen Sie Aufgaben konsequent zurück

„Muss ich das wirklich selbst machen?" Diese Frage sollte für Sie vor jeder Aufgabenerledigung zur Selbstverständlichkeit werden. Häufig werden Sie feststellen, dass jemand anderes das genauso gut erledigen kann – und Sie Zeit haben für die Dinge, die Sie wirklich selbst erledigen müssen. Gewöhnen Sie sich deshalb an, frühzeitig zu delegieren. Delegieren Sie Aufgaben an Mitarbeiter, bitten Sie jemanden aus Ihrem Umfeld um Unterstützung oder vergeben Sie bestimmte Aufgaben an Dienstleister. Damit sind Sie die Arbeit zwar nicht völlig los, denn natürlich müssen Sie in der Folge auch überprüfen, ob das gewünschte Ergebnis erzielt wird. Doch Sie gewinnen definitiv Zeit.

> „Muss ich das wirklich selbst machen?"

**Praxis-Transfer**

Sagen Sie öfter „Nein"

Sagen Sie „Nein" zu unwichtigen Anfragen. Verweigern Sie sich einfach. Das Wörtchen „Nein" ist das zeitsparendste Wort, das es gibt. Nein sagen, wenn möglich. Ja sagen, wenn nötig. Lernen Sie, „Nein" zu einer Art Reflex zu machen, wann immer ein Anliegen an Sie herangetragen wird. Eine der hilfreichsten Formulierungen, ohne den anderen vor den Kopf zu stoßen, lautet: „Im Moment muss ich leider Nein sagen, aber wenn sich etwas ändert, gebe ich Ihnen Bescheid!"

## Kommen Sie ins Handeln

Alles, was uns wertvoll ist auf dieser Welt, wurde von Menschen erbaut und erschaffen, die handelten. Menschen, die es einfach taten. Je früher wir handeln, umso leichter wird es uns fallen. Wenn Sie sich zu viel auf einmal vornehmen, kann das ein Grund dafür sein, doch wieder alles hinzuschmeißen. Oder gar nicht erst anzufangen.

*Der richtige Zeitpunkt*

Warten Sie deshalb auf keinen Fall auf den richtigen Zeitpunkt. Der kommt nämlich nie. Der richtige Zeitpunkt, um etwas in die Tat umzusetzen, ist immer JETZT! Bei allem, was Sie vorhaben, sollten Sie sich fragen: Was kann ich schon heute dafür tun?

Ergreifen Sie direkt nach der Formulierung eines Ziels unmittelbar eine Maßnahme, auch wenn der Weg noch nicht perfekt durchdacht ist. Sie können den Kurs jederzeit auf dem Weg anpassen. Erzeugen Sie ein Momentum und bringen Sie die Sache ins Rollen. Jeder, der schon einmal ein Auto angeschoben hat, kennt diesen Effekt: Zunächst erfordert es einen hohen Kraftaufwand, das Fahrzeug überhaupt vom Fleck zu bekommen. Doch wenn es erst einmal rollt, ist es relativ einfach, es weiterzuschieben. Ähnlich geht es uns häufig mit unseren Projekten: Wenn wir erst einmal begonnen haben, lässt sich der Prozess wesentlich leichter fortsetzen. Alles, was wir benötigen, ist dieser erste Impuls.

Ich verrate Ihnen jetzt eine ausgesprochen wichtige Regel. Viele Erfolgreiche kennen sie oder wenden sie zumindest unbewusst an. Diese Regel besagt, dass man ein einmal geplantes Vorgehen nicht mehr in die Tat umsetzen wird, wenn man damit nicht innerhalb von 72 Stunden nach dem Entschluss begonnen hat. Ein Beispiel: Wenn Sie sich vorgenommen haben, regelmäßig zu joggen, sollten Sie innerhalb von 72 Stunden das erste Mal laufen. Es genügt, wenn Sie zunächst nur ein paar hundert Meter zurücklegen. Auch 30 oder 40 Meter wären in Ordnung. Es würde sogar schon genügen, wenn Sie nur Ihre Laufschuhe anziehen und auf die Straße gehen würden. Es kommt nicht darauf an, wie viele Meter Sie beim ersten Mal bewältigen. Es kommt nur darauf an, überhaupt aktiv zu werden und zu beginnen – innerhalb von 72 Stunden. Dann ist der Anfang getan und Sie werden animiert, weiterzumachen. Der Appetit kommt bekanntlich beim Essen.

**Die 72-Stunden-Regel**

## Praxis-Transfer

### Starten Sie sofort

Legen Sie den ersten Schritt auf Ihr Ziel grundsätzlich innerhalb von 72 Stunden zurück. Andernfalls sinkt die Chance, es überhaupt zu erreichen, auf 1:99. Haben Sie sich also etwas vorgenommen, fangen Sie am besten sofort, spätestens aber innerhalb von 72 Stunden damit an. Machen Sie es sich zur Gewohnheit, ohne Umschweife mit der Umsetzung Ihrer Vorhaben zu beginnen, um es nicht bei guten Vorsätzen zu belassen. Tun Sie irgendetwas, um den Stein ins Rollen zu bringen.

### Take-aways

- Konzentrieren Sie sich auf das Wesentliche.
- Weisen Sie Störungen rigoros zurück und blenden Sie Ablenkungen konsequent aus.
- Beginnen Sie Aufgaben, die Sie Ihren Zielen näher bringen, innerhalb von 72 Stunden, nachdem Sie den Entschluss gefasst haben.

# Pole Position

## Moderne Unternehmensführung

**Der schnellste Weg an die Spitze**

# 8. Langsame Unternehmen scheitern schneller

Warum der zweitschnellste Schlüsseldienst verliert

*„Wir spielen so, wie wir Auto fahren: nicht besonders gut, aber immer so schnell wie möglich."*

DIE TOTEN HOSEN (DEUTSCHE ROCKBAND)

## Worum geht´s?

- Welche gravierenden Fehler sich Unternehmen im Geschwindigkeitszeitalter nicht mehr leisten dürfen
- Warum kleine Unternehmen gegenüber Großkonzernen im Vorteil sind
- Welche Kriterien bei der Beurteilung des Tempos von Bedeutung sind

Vermutlich haben Sie schon Ähnliches erlebt: Der Virenschutz der Hardware muss erneuert werden. Eine wichtige und dringende Aufgabe. Der Zeitpunkt, zu dem unser Virenschutz abläuft, liegt regelmäßig Mitte Februar. Da wir keinen Anbieter bevorzugen und die Angebote und Testergebnisse jedes Jahr erheblich differieren, widmen wir der Suche nach einer für uns geeigneten Lösung jährlich aufs Neue unsere Aufmerksamkeit.

**Beispiel aus dem Leben: Virenschutz erneuern**

„Volle Geschwindigkeit!

Sparen Sie Zeit und machen Sie es sich einfach!

Unsere Software liefert beispiellose Prüfgeschwindigkeit und verhindert das Ausbremsen, während die Erkennungsrate auf höchstem Niveau verbleibt.

Ihr Virenschutz bremst Ihren Computer nicht aus. Stattdessen liefert er eine neue Funktion, die die Systemgeschwindigkeit mit nur einem Klick automatisch verbessert."

Ich bin begeistert. Das muss ich haben. Spätestens nachdem mir ein Angebot ins Auge fällt, das ich in dieser Form von Wettbewerbern nicht kannte: Es wird mir – nach dem Kauf – als Upselling-Variante offeriert, einen Techniker per Fernwartung die Installation des eben erworbenen Softwarepakets vornehmen zu lassen, um es nicht nur gründlich und fehlerlos zu installieren, sondern mir vor allem erheblich Zeit zu sparen. Tolle Idee, finde ich, noch völlig im Unklaren, wie dies funktionieren soll, da ich das Paket nebst Lizenzschlüssel bereits erworben und heruntergeladen habe. Ich buche also den Service, der mich noch mal den gleichen Betrag wie die eigentliche Internet-Sicherheitslösung kostet. Aber in Zeitersparnis gerechnet ist es dies zweifelsohne wert. So mein Gedanke in Sachen Wettbewerbsvorteil Geschwindigkeit.

Unter dem Begriff „Premium Services" buche ich also die Option „Installation & Konfiguration" und erhalte im Anschluss neben einem zweiten Lizenzschlüssel per Mail auch einige verwirrende Anleitungen, was nun zu tun sei. Unter anderem gilt es, ein Fernwartungsprogramm zu installieren, damit die Techniker mit ihrer Arbeit beginnen können: dem Entfernen bereits installierter Sicherheitssoftware und der Installation und Konfiguration der neuen. Ich lade herunter und warte darauf, was passiert. Es passiert nichts. Keine weitere Mail mit Instruktionen. Gut, denke ich, da muss ich wohl selbst aktiv werden, und wähle die angegebene Hotline. Dort wird – inzwischen von allen Beschwerde-Hotlines hinlänglich bekannt – ein Ticket erstellt und ich warte ab.

Inzwischen ist die Laufzeit der bisherigen Lösung abgelaufen. Weder PC noch Software werden müde, mich eindringlich darauf hinzuweisen, dass ich ab sofort ungeschützt bin. Oh, mein Gott, leichte Panik bricht aus. Neuer Anruf, zweites Ticket. Vielmehr erstes Ticket, der vorherige Anruf hat, nach erneuter mehrminütiger Überprüfung der Dame an der Hotline, offensichtlich keine Ticketerstellung ausgelöst.

Dieses Mal funktioniert es. Was heißt „funktioniert"? Zumindest erhalte ich nach einem weiteren Tag eine Mail mit einer Entschuldigung und der Bitte, einen Termin vorzuschlagen, an dem ich zwecks gemeinsamer Einrichtung vor dem Rechner sitze. Ich nenne den Spätnachmittag. Leider findet dieser Vorschlag keinen Gefallen bei den zuständigen Technikern. Man antwortet mir einige Stunden später, dass es so schnell nun auch nicht ginge, und bittet mich um einen Vorschlag mit wenigstens drei Tagen Vorlauf. Ich atme tief durch und storniere den Zusatzservice, der keiner war.

Fazit aus Anwender-Sicht: Manchmal kann einen der Wunsch, Zeit zu gewinnen, mehr Zeit kosten.

Fazit aus Unternehmens-Sicht: Versprich nie, nie, nie, einen Service innerhalb einer bestimmten Zeitspanne zu erbringen, wenn du nicht in jedem Fall und zu 100 Prozent gewährleisten kannst, dies auch zu leisten.

**Effizienz nebenan**

Da wir eine Mehrplatzlösung für unser Unternehmen benötigt haben, stelle ich am darauffolgenden Tag begeistert fest, dass auf dem Desktop-PC meiner Assistentin die neue Software bereits zuverlässig ihren Dienst verrichtet. Was hat sie verstanden, was mir fremd blieb? Ich frage nach. Lösung: Sie hat das Zusatzpaket gar nicht bemerkt und ist daher wie folgt vorgegangen: Deinstallieren der alten Software. Installieren der neuen Software. Zwei Klicks. Fünf Minuten. Läuft.

Weiteres Fazit: Stelle immer bessere Leute ein als dich selbst.

## Pünktlich ist das neue „zu spät"

Zu viele Anforderungen, Aufgaben und Aktivitäten fordern unsere ganze Aufmerksamkeit. Informationsüberflutung, komplexere Arbeitsumfelder und steigender Wettbewerbsdruck sorgen dafür, dass nur der Schnellste das Rennen macht. Geschäftszyklen haben sich innerhalb kürzester Zeit dramatisch beschleunigt. Und dennoch scheint ein Großteil der Unternehmen – bewusst oder unbewusst – nach wie vor nach überholten Prinzipien zu agieren. Wie lässt es sich anders erklären, dass wir Tag für Tag erleben müssen, wie uns durch langsame Reaktionszeiten das Gefühl geringer Wertschätzung vermittelt wird? Rechtzeitig ist relativ. Aus Kundensicht ist „just in time" bereits „zu spät".

> In der heutigen Wirtschaft ist schneller immer besser als langsamer und früher immer besser als später. Immer.

Das ist eine schwierige Disziplin, aber überlebenswichtig. Die stetig wachsende Nachfrage nach Instant-Messaging, Multi-Tasking und Simultan-Apps spiegelt zugleich die Auswüchse einer gesteigerten Erwartungshaltung des Verbrauchers wider. In einer technologiegetriebenen Welt ist die Zukunft jetzt. Sekunden verrinnen, und schon ist es zu spät.

## Vertane Tempo-Chancen

Als ich auf einer Messe für Verkaufsförderung zu Gast war, nutzte ich die Gelegenheit, nach einem passenden Weihnachtsgeschenk für meine Premium-Kunden zu suchen. Während ich durch die Halle spazierte, fiel meine Aufmerksamkeit auf den Stand eines exklusiven Schreibgeräteherstellers. Da ich seit vielen Jahren Kunde dieser Marke bin, hatte es der Verkäufer leicht, mich zu überzeugen. In seinem Bemühen um einen Interessenten setzte er noch einen drauf: „Bevor Sie jetzt unseren ganzen

Katalog über die Messe schleppen müssen, schicke ich Ihnen den gerne zu. Geben Sie mir doch einfach Ihre Karte und Sie erhalten den Katalog ganz bequem per Post." Das fand ich sehr kundenorientiert und zuvorkommend. Während ich ihm die Karte aushändigte, fragte er mich, ob ich denn schon mit einem Füller seiner Marke schreiben würde. Als ich mit „Ja" antwortete, entgegnete er: „Würde ich Ihnen denn eine kleine Freude machen, wenn ich ein paar Tintenpatronen beilege?" Klar, dass ich auch diese Frage bejahte. Er machte sich eine Notiz, wir verabschiedeten uns und ich ging weiter. Gegen Nachmittag machte ich mich wieder auf den Weg nach Hause in Richtung Achern, das Gespräch mit dem Verkaufsleiter des Schreibgeräteherstellers war schon wieder ganz vergessen. An Füller dachte ich nicht mehr. Auch nicht am nächsten Tag. Und nicht in der darauffolgenden Woche. Oder im folgenden Monat. Sondern erst, nachdem der Katalog ganze zweieinhalb (!) Monate später in meinem Briefkasten lag. Und was, glauben Sie, war nicht dabei? Inzwischen benutze ich eine andere Marke. Wie einfach wäre es gewesen, meinen positiven Eindruck vom Messestand zu bestätigen und die Kundenbindung positiv zu verstärken?! Leichter ging es in diesem Fall ja kaum.

*Kundenorientierung ist gar nicht schwer*

Ich weiß nicht, ob Sie mit Ihrem Unternehmen auch auf Messen gehen. Falls ja, bieten sich Ihnen großartige Gelegenheiten, bei Ihren Kunden einen positiven Eindruck zu hinterlassen. Bleiben wir bei meinem Beispiel: Visitenkarten lassen sich ganz einfach mit einem kleinen Scanner über den USB-Anschluss in Ihren PC einlesen, um so unmittelbar im entsprechenden Adressprogramm weiterverarbeitet zu werden. Eine Funktion, die auch eine App für Ihr Smartphone übernimmt. Wie viel hätte es gekostet, einen Azubi hinzusetzen, der die Visitenkarten der Interessenten direkt einscannt?

Nun wäre es ein Leichtes, sofort ein entsprechend personalisiertes Anschreiben auszudrucken, es in einen bereits vor der Messe vorbereiteten und frankierten Umschlag zu stecken, ein paar Patronen beizulegen und alles noch am selben Tag unmittelbar im Anschluss an die Messe abends an der nächstgelegenen Post aufzugeben oder zumindest in einen Briefkasten mit Nachtleerung einzuwerfen. In jedem Frachtpostzentrum der Deutschen Post können Sie Ihre Briefe bis 22 Uhr einwerfen, sodass sie am nächsten Morgen bei Ihrem Kunden im Briefkasten liegen. Das macht Eindruck! Alleine mit dieser einfachen Maßnahme haben Sie bereits 80 Prozent Ihrer Wettbewerber hinter sich gelassen.

Es wäre so leicht gewesen, mich zu verblüffen, mit Geschwindigkeit zu punkten und mich durch Tempo als Kunden zu gewinnen und zu binden. Und das alles ohne irgendwelche zusätzlichen Kosten oder Investitionen. Nicht nur, dass diese Chance vertan wurde, das Verhalten hat in diesem Fall sogar das Gegenteil bewirkt. Der Kunde ist für immer verloren.

**Gar keine Reaktion ist ein klares Statement**

Jahr für Jahr veranstalten wir ein offenes Seminar, bei dem wir verschiedene Redner zu spannenden Themen suchen. Und immer wieder nutzen wir dazu auch meine Xing-Kontakte, um eine entsprechende Anfrage zu platzieren. Es ist mir bis heute ein Rätsel, wie manche Kollegen mit Anfragen umgehen. Gar keine Reaktion ist ja zumindest mal ein klares Statement. Aber nicht einmal das schlimmste. Weit negativer wirkt es da, wenn eine Antwort kommt, in der das bekundete Interesse mit der Aussage verbunden wird, sich in den kommenden Tagen einmal mit uns in Verbindung zu setzen oder Unterlagen zu schicken und ... nichts passiert. Einfacher kann man uns den Auswahlprozess gar nicht machen. Achtzig Prozent der infrage kommenden Speaker disqualifizieren sich auf diesem Weg von alleine. Das bedeutet im Umkehrschluss: Häufig reicht es in einer Wettbewerbssituation bereits aus, dass Sie einfach nur rechtzeitig reagieren. Den Maßstab für rechtzeitig definiert hierbei im Übrigen einzig und alleine Ihr Kunde.

**Tun Sie, was Sie sagen**

Und mindestens ebenso wichtig, aber leider bei Weitem keine Selbstverständlichkeit: Tun Sie, was Sie sagen. Wenn Sie Unterlagen ankündigen, verschicken Sie sie auch. Wenn Sie einen Anruf in Aussicht stellen, tätigen Sie ihn gefälligst. Alles andere ist heiße Luft und Sie stellen sich als unzuverlässig dar, weil Ihre Handlung nicht mit Ihrer Ankündigung übereinstimmt. Nach dem Motto: Ich kann deine Worte nicht hören, deine Taten sprechen so laut.

## Vom Weltmarktführer zur Bedeutungslosigkeit

Ein Beispiel beweist die Bedeutung von Geschwindigkeit in Sachen Innovation im besonderen Maße: der dramatische Fall Nokias vom Weltmarktführer in die völlige Bedeutungslosigkeit. Wie konnte es so weit kommen? Die Entwicklung einer bedeutenden Sparte hat Nokia schlicht verschlafen. Der Konzern hatte im Bereich der Smartphones infolge verhaltener Innovationsgeschwindigkeit erheblich an Boden verloren. Das Unternehmen hat sich mit seinem Wunsch nach Perfektion nahezu aus dem Markt katapultiert.

**Der Fall Nokia**

Nachdem Nokia von 1998 bis 2011 durchgehend weltgrößter Mobiltelefonhersteller war, wurde die Firma 2012 von Samsung abgelöst. Der Marktanteil sank gegenüber 2008 um mehr als ein Drittel. Der Gewinn von Nokia betrug im Geschäftsjahr 2010 noch 1,85 Mrd. Euro. Nur ein Jahr später wurde das Geschäftsjahr mit einem Verlust nach Steuern von 1,073 Mrd. Euro abgeschlossen.

Ein Grund war die aufwendige Entwicklung eines eigenen Betriebssystems: So dauerte es fast zwei Jahre, bis ein Symbian-Smartphone marktreif war, da man an einem tief liegenden Programmiercode herumbasteln musste. Bei den Windows-Modellen dauert es hingegen nur etwa halb so lang. Die Folge: Im Februar 2011 gab die neue Konzernleitung bekannt, dass Nokia seine Smartphones künftig mit dem Microsoft-Betriebssystem Windows Phone ausrüsten würde. Bis dahin hatte Nokia auf seine Eigenentwicklung Symbian vertraut. Nokia verkaufte seine Mobiltelefonsparte am 25. April 2014 für umgerechnet 5,4 Mrd. Euro an Microsoft. Keine drei Monate später verkündete der neue Eigentümer, dass er 50 Prozent der übernommenen Nokia-Angestellten entlassen müsse. Knappe acht Wochen später wurde bekannt, dass Microsoft plane, den Namen Nokia aufzugeben. Tragisch: Damit ist eine einst bedeutende Marke aufgrund mangelnder Geschwindigkeit schlicht vom Markt verschwunden.[12]

## Der Speed-Test

Zwischen Januar und Juni 2015 untersuchten wir die Reaktionszeit deutscher Unternehmen, um ihre Geschwindigkeit im Kundenkontakt unter realen Bedingungen zu testen. Dies geschah ohne deren Wissen und unter Anwendung einer überaus simplen Versuchsanordnung: Wir haben eine Anfrage per E-Mail an eine auf der Website veröffentlichte E-Mail-Adresse geschickt und daraufhin die Zeit bis zu einer Antwort erfasst. Hierbei fanden nahezu alle relevanten Branchen Beachtung, wobei wir uns auf die jeweils fünf produktivsten Unternehmen (gemessen an deren Umsatz pro Mitarbeiter) beschränkt haben. Diese E-Mail fragte nach einer konkreten Auskunft. Ein Autoresponder galt für uns nicht als gültige Antwort, da diese Reaktionen maschinell erstellt werden. Wir wollten jedoch individuelle Antworten von realen Menschen. Die Unterschiede der Ergebnisse waren zum Teil frappierend. Und oftmals überraschend. In jedem Fall aber sehr aussagekräftig.

Schon beim Festlegen der Rahmenbedingungen wurde schnell klar, dass die Ansprechpartner nicht individuell angeschrieben werden konnten. Urlaubs- oder krankheitsbedingte Fehlzeiten einzelner Mitarbeiter hätten das Ergebnis verfälscht. Und auch die individuelle Reaktionszeit wäre hier weniger abhängig von der Konzernzentrale als von der Persönlichkeitsstruktur und eigenen Arbeitsmethodik der Betroffenen.

Das Erschreckende: Gerade Großkonzerne reagierten in 80 Prozent der Fälle zu langsam. Wenn überhaupt. Wartezeiten von mehr als 24 Stunden waren hier keine Seltenheit, sondern die Regel.

**Die Quote der Antworten im Detail:**

Extrem langsam: Versicherungen

- Lebensmittelhandel: 60 Prozent
- Brauereien: 50 Prozent
- Textilindustrie: 50 Prozent
- Automobilindustrie: < 50 Prozent
- Banken: < 40 Prozent
- Fluggesellschaften: < 35 Prozent
- Hotelketten: 25 Prozent
- Fernsehsender: < 25 Prozent
- Online-Versandhändler: 20 Prozent
- Stromversorger: 20 Prozent
- Versicherungsbranche: 20 Prozent
- Telekommunikationsgesellschaften: 0 Prozent
- Verlagshäuser: 0 Prozent

Besonders schlechte Ergebnisse lieferte beispielsweise die Versicherungsbranche: In unserem Geschwindigkeitstest reagierten hier nur 20 Prozent der Konzerne überhaupt auf eine Anfrage an die allgemein nach außen kommunizierte E-Mail-Adresse. Achtzig Prozent schliefen den Schlaf der Gerechten und tun dies bis heute. Nur eine These, aber nicht die unrealistischste: Zumindest wenn ein potenzieller Kunde gezielt den Abschluss eines konkreten Versicherungsproduktes anfragt, wird diese (hoffentlich) schneller beantwortet, schließlich winkt hier entsprechender Umsatz. Für diese Zwecke gibt es häufig ganz spezielle Kontaktformulare. Aber wie steht es im Anschluss um die in einer langjährigen Geschäftsbeziehung so wichtigen Bereiche wie Kundenservice und -pflege? Es ist zu befürchten, dass Unternehmen, die Geschwindigkeit nicht zum Credo erhoben haben, ihre Kunden hier mit steter Regelmäßigkeit enttäuschen werden.

## Feinde der Geschwindigkeit

Im Grunde ist es nicht schwer, schneller als die Konkurrenz auf dem Markt unterwegs zu sein. Es gilt lediglich, die entsprechenden Bremsklötze zu entfernen. Es gibt Ursachen, warum Unternehmen es versäumen, ihre Geschwindigkeit zu steigern.

### Typische Bremsklötze

Die unternehmerischen Hauptprobleme lauten:
- Trügerische Sicherheit
- Mangelnde Kontinuität
- Falsche Markteinschätzung
- Zunehmende Komplexität
- Ausufernde Bürokratie

### Trügerische Sicherheit

**Hochmut kommt vor dem Fall**

Jahrelang an der Spitze zu stehen oder gar ein Monopol innezuhaben kann trügerisch wirken. Dies führt leicht zu einem überhöhten Selbstbewusstsein und ist damit brandgefährlich. Der Elfenbeinturm ist keine geeignete Kommandozentrale. Wie schnell wird man bequem und versäumt es, dem Trend vorauszueilen oder ihn zumindest mitzugehen, statt ihm nachzulaufen (siehe Nokia). *„Wir sitzen das aus, bis unsere aufkommenden Wettbewerber wieder vom Markt verschwinden"* ist keine Maxime, die sich bewährt, sondern kommt einen teuer zu stehen. Sie kostet Unmengen an Ressourcen. Wer sich nicht ständig hinterfragt, seinen Vorsprung ausbaut und am Puls der Zeit bleibt, läuft Gefahr, über kurz oder lang zurückzufallen. Selbstgefälligkeit und ein übersteigertes Selbstbewusstsein sind nicht angezeigt. Hochmut kommt vor dem Fall. Es ist entscheidend, hungrig zu bleiben.

**Praxis-Transfer**

Denken Sie alles Bestehende neu. Hinterfragen Sie auch, was sich bislang bewährt hat.

## Mangelnde Kontinuität

Jeder kann mal schnell sein. Wenn alle Rahmenbedingungen passen, wenn der Wind günstig steht und das Unmögliche möglich gemacht wird. Wenn die Produktion gerade besonders viele Freiräume hat, der Zulieferer eine Überkapazität auf Lager hat oder einige Werkstudenten an dem Projekt mitarbeiten können, ist eine schnellere Lieferzeit vielleicht machbar, aber nicht die Regel. Derartige Ausnahmen taugen nicht dazu, Ihnen einen Wettbewerbsvorteil am Markt zu verschaffen. Ihr Kunde kann sich nicht darauf verlassen. Eine Werbeaussage wie „*wenn die Sterne günstig stehen, wenn es richtig gut läuft und wir viel Glück haben, dann könnten wir vielleicht ausnahmsweise bereits kommenden Freitag liefern*" ist nichts wert. Beachten Sie vielmehr den Worst Case. Hat Ihre Aussage auch für den Fall noch Gültigkeit, dass der Krankenstand einmal höher ist als gewöhnlich?

*Jeder kann mal schnell sein*

Alles andere gleicht einem One-Hit-Wonder. Damit lassen sich keine langfristigen Erfolge erzielen, weil das Ergebnis nicht auf einer Strategie, sondern vielmehr auf einer glücklichen Fügung basiert. Daraus lässt sich für Ihr Unternehmen kein dauerhafter Vorteil ableiten. Ihre Geschwindigkeit darf nicht auf Kosten der Zuverlässigkeit gesteigert werden. Sonst wird diese von Ihren Kunden – zu Recht oder nicht – rasch als Ursache für mangelnde Qualität ausgemacht und damit zu einem Bumerang für Ihr ursprüngliches Ansinnen. Versprechen Sie also weniger und halten Sie mehr.

*Kontinuität statt Wunder*

Grundsätzlich gilt:

- Verlässlichkeit vor Schnelligkeit.
- Kontinuität statt Wunder.

### Falsche Markteinschätzung

**Wegsehen und Beten ist keine Führungsstrategie**

Man kann der Marktentwicklung keine genügend hohe Priorität einräumen. Zu glauben, alles würde sich wieder beruhigen, wenn man sich nur Zeit dazu ließe, versetzt Ihr Unternehmen in einen Dornröschenschlaf, aus dem es möglicherweise nicht mehr aufwacht. Wegsehen und Beten ist keine Führungsstrategie. Ignoranz gepaart mit Hoffnung raubt Ihnen die Chance, rechtzeitig zu reagieren.

Nehmen Sie die Printmedien und die damit verbundene Papierindustrie als mahnendes Beispiel: Hier wurde die Geschwindigkeit neuer Markttrends in der Vergangenheit schlicht unterschätzt und machte damit eine ganze Branche nahezu ausnahmslos zum Verlierer eines neuen Zeitalters.

### Zunehmende Komplexität

**Entweder es geht einfach oder es geht einfach nicht**

Entweder es geht einfach oder es geht einfach nicht. Die Dinge werden von alleine immer komplizierter. Wenn wir nicht kontinuierlich daran arbeiten, Prozesse so schlank und einfach wie möglich zu gestalten, wird uns die im Lauf der Jahre zunehmende Komplexität früher oder später ausbremsen. Gegen Betriebsblindheit hilft im Übrigen häufig Rat von außen. Ob Sie hierzu einen externen Coach oder Berater beauftragen oder frischen Wind durch neue Mitarbeiter erhalten, die noch einen unverfälschten Blick auf bestehende Prozesse haben, hängt in erster Linie von Ihrem Budget und in zweiter Linie von Ihren Ansprüchen ab.

**Praxis-Transfer**

Fragen Sie sich generell:
Wie lässt sich dieser Prozess weiter vereinfachen? Was ist die einfachste Lösung?

## Ausufernde Bürokratie

Gerade etablierte Großkonzerne leisten sich häufig (noch) den Luxus, Geschwindigkeit zu ignorieren. Tradition schön und gut, aber in der gegenwärtigen Zeit erschüttert ein gewaltiges Beben unser Wirtschaftsleben, an dessen Ende wir vor völlig neuen Voraussetzungen stehen werden. Ganzen Branchen droht das Aus, wenn sie nicht bereit sind, nach neuen Lösungen zu suchen, um auf die veränderten Gegebenheiten zu reagieren. Über Jahrzehnte hinweg entstandene Bürokratie hemmt die heute erforderliche Wendigkeit und bremst die Flexibilität. Je größer das Unternehmen, desto größer die Hürden der Verwaltung. Wenn es für jede Kundenbearbeitung zunächst erforderlich ist, ein entsprechendes Formular auszufüllen und zusätzlich von zwei Vorgesetzten abzeichnen zu lassen, wird es unmöglich, in Echtzeit zu reagieren. Jedwede Kreativität wird erstickt. Das bedeutet nicht, dass Ihr Unternehmen klein bleiben muss, aber es sollte seine Wendigkeit und Flexibilität erhalten: kurze Wege, flache Hierarchien, unmittelbare Entscheidungsbefugnisse.

*Konzerne sind träge*

**Praxis-Transfer**

**Kurztest: Wie weit ist mein Unternehmen bereits bürokratisch verkrustet?**

- Werden alle Entscheidungen an einem Ort getroffen?
- Fällt bei bevorstehenden Entscheidungen oft der Satz „Da muss ich erst Rücksprache halten"?

- Gibt es Gremien, die auch bei weniger wichtigen Entscheidungen in Aktion treten?
- Müssen Entscheidungen von anderen abgesegnet werden?
- Fällt der Begriff „Bearbeitung" relativ häufig?
- Ist meistens mehr als ein Gespräch nötig, um eine Entscheidung zu treffen?

Testen Sie regelmäßig, ob Ihr Unternehmen noch tempoorientiert ausgerichtet ist, indem Sie die folgenden Fragen von Mitarbeitern auf allen Hierarchieebenen beantworten lassen, um bestehende Prozesse auf ihre Effizienz hin zu überprüfen:

- Ist dieser Vorgang zwingend erforderlich?
- Werden alle involvierten Personen wirklich benötigt?

### Der Turbo für Ihren Wettbewerbsvorteil

Geschwindigkeit ist zum wesentlichen Faktor im Wettrennen um die Gunst des Kunden, zum wichtigen Gradmesser für die Wertschätzung des Verbrauchers geworden. Und diese Entwicklung wird voranschreiten und weiter Fahrt aufnehmen. Unternehmen, die diesem Umstand Rechnung tragen, werden hiervon überproportional profitieren.

**Kleine Unternehmen im Vorteil**

Gerade kleineren und damit häufig flexibleren Unternehmen eröffnen sich hier schier ungeahnte Möglichkeiten. Ihnen bietet sich eine fantastische Gelegenheit, echte Wettbewerbsvorteile zu erzielen. Denn eine gesteigerte Umsetzungsgeschwindigkeit erhöht die Produktivität, ohne hierfür entsprechende Ressourcen zu benötigen. Genau darin liegt eine riesige Chance für Ihr Unternehmen. Insbesondere, wenn Sie in Sachen Innovation, Kapitalausstattung, Marktdurchdringung, Preis, Erfahrung oder Qualität einen klaren Nachteil gegenüber dem Marktführer haben, müssen Sie auf anderen Ebenen punkten.

Qualität wird heute als selbstverständlich vorausgesetzt, viele Unternehmen können früher oder später gute Ergebnisse zuwege bringen. Diese darüber hinaus schnell zu erzielen macht den Unterschied zwischen Sieg oder Niederlage, Erfolg oder Misserfolg aus. Das ist es, was im Zeitalter der Zeitknappheit von Ihnen erwartet wird.

**Qualität ist selbstverständlich**

### Take-aways

- Das Geschäftsleben hat sich dramatisch beschleunigt.
- Diese Entwicklung stellt zugleich eine Chance für Klein- und mittelständische Unternehmen dar.
- Entfernen Sie Ihre Bremsklötze, um Ihr Tempo zu steigern.

# 9. Wer bremst, verliert

Erfolgsfaktor Schnelligkeit –
so schalten Sie den Turbo zu

*„Die meisten laufen dahin, wo der Puck ist.
Ich laufe dahin, wo der Puck sein wird."*
　　　　　　　　　Wayne Gretzky (ehemaliger kanadischer
　　　　　　　　　　　　　　　　　Eishockeyspieler, *1961)

**Worum geht´s?**

- Wie Sie ein Umfeld schaffen, in dem Geschwindigkeit zur Regel wird
- Wie Sie Ihr Team auf Schnelligkeit ausrichten
- Wie Sie Ihr Unternehmen attraktiver gestalten

Die Erde bebt. Menschen springen aus ihren Sitzen und beginnen zu schreien. An anderer Stelle versuchen einige bis ganz nach vorne an den Zaun zu drängen, um einen Blick zu erhaschen. Im Stakkato-Stil dringt die Stimme des Sprechers kaum noch verständlich aus den Boxen. Nur noch 150 Meter. Die Fäuste sind geballt. Puls und Herzschlag am Anschlag. Plötzlich hört man die Hufe und spürt die Vibration der heranpreschenden Reiter. Es ist ein Foto-Finish. „Power Flame", ein edler Hengst mit dem Erfolgs-Jockey Andreas Boschert im Sattel, gewinnt mit einer Nasenlänge das hoch dotierte Hauptrennen auf der Galopprennbahn in Baden-Baden. Ein Mann senkt zufrieden sein Fernglas, lehnt sich in seiner Loge zurück und weiß, dass ihn eben dieser knappe Vorsprung in nur 87 Sekunden gerade um umgerechnet knapp 40 000 Euro reicher gemacht hat. Albert Darboven, Inhaber der gleichnamigen Kaffee-Dynastie und Besitzer eines der erfolgreichsten deutschen Rennställe.

Als Darboven mit seinem Unternehmen begann, hatte eine langfristige Planung noch 10 bis 15 Jahre Bestand. Inzwischen hat sich dieser Zyklus auf ungefähr vier Jahre verkürzt. Der Vollblutunternehmer führt aus: „*Die fortschreitende Digitalisierung in allen Wirtschaftsbereichen hat zu einer Erhöhung der Geschwindigkeit geführt. Wir müssen heute in der Lage sein, sehr schnell zu reagieren und uns auf neue Trends einzustellen. Nur so sind wir langfristig zukunftsfähig. Damit unsere Mitarbeiter diese Einstellung verinnerlichen und täglich leben, führe ich häufig intensive persönliche Gespräche, in denen ich ihnen meine Erwartungshaltung vermittle.*"

**Sport als Vorbild der Wirtschaft**

Hierbei hilft ihm nach eigenen Angaben seine angeborene Ungeduld. Ein Kennzeichen übrigens, das bei vielen Machern stark ausgeprägt ist.

Sicher, Ihre Produkte oder Ihre Dienstleistungen sind top. Aber um wirklich produktiv zu sein, müssen Sie schneller werden. Eine wichtige Voraussetzung, um Geschwindigkeit zu erzeugen, ist es, vorausschauend zu handeln, statt zu reagieren. Das von der nordamerikanischen Eishockeylegende Wayne Gretzky stammende Zitat am Kapitelanfang beschreibt diese Anforderung an moderne Unternehmensführung treffender als alles andere.

## Schneller als der Blitz

Eines der Erfolgsgeheimnisse von Richard Branson, einem der besten Markenentwickler der Welt, ist die Prämisse „schneller als der Blitz". Genau das erwartet der Inhaber von mehr als achtzig Unternehmen auch von seinen Leuten. Die Geschwindigkeit, die er vorgibt, ist atemberaubend. So hob eine Maschine der Fluggesellschaft Virgin Sun Airlines bereits fünf Monate nach dem Zeitpunkt ab, an dem Branson zum ersten Mal über die Idee gesprochen hatte.[13]

**Best Practice: H & M**

Am Beispiel H & M können Sie ersehen, in welchem Ausmaß Geschwindigkeit auch in der Modebranche von Bedeutung ist. Kein Unternehmen bringt seine neuen Kollektionen schneller auf den Markt. *„Schnelligkeit ist unsere Passion und unser Trumpf. Wir lassen die Kleidung so schnell wie nur irgend möglich produzieren und verkaufen sie schneller als jeder andere"*, erklärt Fabian Mansson von H & M. Besonders beeindruckend ist der Lagerumsatz von H & M. Während im Regelfall die Lager maximal viermal pro Jahr umgesetzt werden, schafft H & M das doppelte Ergebnis. Wären Sie ein Zulieferer von H & M, müssten Sie sich auf harte Verhandlungen gefasst machen. Es wird von Ihnen erwartet, schneller als alle anderen zu sein und trotzdem immer gleichbleibende Qualität zu liefern. Wenn ein Lieferant nicht in der Lage ist, Termine einzuhalten, endet das geschäftliche Verhältnis sofort.

Ebenso mit Geschwindigkeit und aktuellem Bezug punktet der Autovermieter Sixt. Kampagnen werden hier blitzschnell am Zeitgeschehen orientiert auf den Markt geworfen. Das Ergebnis: Immer wieder gelingt es Sixt, mit Humor in die Schlagzeilen zu geraten.

**Amazon: die Zukunft vorhersehen**

Gerüchten zufolge arbeitet Versandhändler Amazon sogar daran, Ihnen in Zukunft Produkte aufgrund Ihrer Bestellgewohnheiten bereits zuzuschicken, bevor Sie diese überhaupt geordert haben.

### Was wäre wenn?

Ihr jetziges Tempo ist genauso lange akzeptabel, bis ein Mitbewerber kommt und schneller ist. Sicherheitshalber sollten Sie Ihr Unternehmen zu diesem Zweck von Zeit zu Zeit mit der Branche vergleichen. Vielleicht sind Sie ja der Einäugige unter den Blinden?

**Praxis-Transfer**

Um die Notwendigkeit zu verdeutlichen, an einem höheren Tempo zu arbeiten, können Sie Ihren Mitarbeitern folgende Fragen stellen:

- Was würde passieren, wenn unser Mitbewerber die gleiche Leistung 20 Prozent schneller anbieten könnte als wir?
- Glauben Sie, die Kunden würden weiter bei uns kaufen, nur weil sie das in den vergangenen Jahren getan haben?

Die Dinge mögen denen zuteil werden, die geduldig warten. Aber nur die Dinge, die übrig gelassen wurden von denen, die schnell genug waren.

Geschwindigkeit ist – unabhängig von allen technischen Voraussetzungen und der Unternehmenskultur – immer zu einem hohen Grad subjektiv von der Person abhängig, die die jeweilige Stelle einnimmt. Im Grunde ist es ganz einfach: Stellen Sie fähige Leute ein und lassen Sie sie dann in Ruhe.

**Schnelleres Team = schnelleres Unternehmen**

**Diese Eigenschaften sollte Ihr Team besitzen, wenn Sie Ihr Unternehmen in ein Tempo-Business verwandeln wollen:**

- Entscheidungsfähigkeit
- Begeisterung
- Eigenverantwortung
- Kundenorientierung

Mangelt es an den erforderlichen Faktoren, kann die Firmenphilosophie noch so sehr auf Geschwindigkeit ausgerichtet sein, das Ansinnen wird von den Mitarbeitern zwangsläufig sabotiert.

### Auf die Mitarbeiter kommt es an

Jedes Unternehmen kann schneller werden, wenn es schnellere Mitarbeiter einstellt. Kein Unternehmen kann Geschwindigkeit mit langsamen Beschäftigten aufnehmen. Daher gilt es, sowohl Ihr Unternehmen als Ganzes wie auch Ihre Mitarbeiter hinsichtlich Geschwindigkeit zu überprüfen. Trennen Sie sich von den Bremsklötzen und stellen Sie keine Schildkröten ein. Wenn Ihre Mitarbeiter nicht schnell genug sind, holen Sie bessere Leute. Wer mit Tempo nicht umgehen kann, sollte nicht Ihrem Stab angehören. Akzeptieren Sie kein „Nein" und kein „dafür ist nicht genug Zeit". Mit der richtigen Einstellung lässt sich nahezu alles in drei Wochen schaffen, wenn man die Ressourcen entsprechend bündelt. Hierzu müssen Ihre Mitarbeiter mit einer gewissen Dringlichkeit arbeiten. Stellen Sie nur Menschen ein, die sich mit dieser Philosophie identifizieren können.

**Suchen Sie nicht nach perfekten Mitarbeitern**

Perfekte Mitarbeiter gibt es nicht. Schaffen Sie stattdessen eine so gute Arbeitsumgebung für Ihr Team, wie es Ihnen nur möglich ist. Dies ist zugleich Ihr effektivstes Recruiting-Tool. Es braucht ausgewiesene Macher. Mitarbeiter, die unternehmerisch denken und handeln. Es kann gar nicht deutlich genug betont werden, wie wichtig es ist, bereits im Auswahlprozess neuer Mitarbeiter diese Voraussetzungen intensiv zu überprüfen und entsprechend zu gewichten.

Wie können Sie attraktiv werden für gute Leute? Nach dem Prinzip „Gleich und Gleich gesellt sich gern" sollten Sie dafür sorgen, dass Sie die richtigen Leute für Ihr Unternehmen gewinnen. Vielleicht wird die Fluktuation in den ersten Monaten höher als bei Ihrem Wettbewerber sein, dafür können Sie sichergehen, dass Sie nur die passenden Mitarbeiter halten.

Räumen Sie bürokratische Hindernisse aus dem Weg, damit schnelle Mitarbeiter sich bei Ihnen wohlfühlen. Sorgen Sie zudem für Konkurrenzkampf, der das Geschäft belebt. Ferner kümmern Sie sich um entsprechende Abwechslung. Ihr Mitarbeiter wird nur so schnell sein, wie Sie es vorleben. Entwickeln Sie ein Regelwerk, dass Sie selbst einhalten. Wie schnell ein Angestellter im Alltagsgeschäft tatsächlich reagiert, hängt natürlich sowohl von den Rahmenbedingungen ab, die in Ihrem Unternehmen vorherrschen, als auch von der Verbesserung eigener Fähigkeiten. All dies kann jedoch nicht einmal ansatzweise zur Geltung kommen, wenn es diesbezüglich bereits an einer positiven Grundeinstellung des Mitarbeiters mangelt.

**Räumen Sie Hindernisse aus dem Weg**

Jeder Mensch fürchtet sich vor Veränderung. Die eigene Komfortzone wird nur ungern verlassen. Wenn das Unternehmen nach jahrelang gewohnten Abläufen arbeitet, ist dies ein sicheres Anzeichen dafür, dass es an der Zeit ist, die Verantwortungsbereiche der Mitarbeiter neu zu verteilen, um sie zum Umdenken zu bewegen. Rütteln Sie Ihr Team wach, bevor es zu spät ist.

Natürlich wird es ungemütlich, wenn man es sich an seinem Arbeitsplatz erst einmal bequem eingerichtet hat, um langsam, aber sicher auf die Rente zuzusteuern – und plötzlich umlernen muss. Sie können daher mit Sicherheit erwarten, dass Ihnen beim Aufbrechen verkrusteter Strukturen Gegenwind ins Gesicht blasen wird. Tun Sie es trotzdem. Es ist alternativlos. Setzen Sie nach und nach auf eine neue Qualität in Ihrem Team.

**Gegenwehr der Mitarbeiter**

Wie gelingt es Ihnen, dass diese Einstellung von Ihren Mitarbeitern verinnerlicht und „gelebt" wird?

**Praxis-Transfer**

So begeistern Sie Ihre Mitarbeiter für das Thema Geschwindigkeit:

- Erzeugen Sie Motivation.
  - Arbeiten Sie die Vorteile heraus.
  - Visualisieren Sie das Endergebnis.
  - Stellen Sie eine Belohnung in Aussicht.
  - Organisieren Sie ein Kick-off-Event.

- Beziehen Sie die Mitarbeiter in den Prozess ein.
  - Erarbeiten Sie eine gemeinsame Philosophie.
  - Bilden Sie Teams.
  - Kommunizieren Sie die einzelnen Schritte.

- Verbessern Sie die Rahmenbedingungen.
  - Erweitern Sie die Fähigkeiten.
  - Reduzieren Sie die Arbeitsbelastung.
  - Übertragen Sie Verantwortung.
  - Erhöhen Sie die Messbarkeit.

## Erzeugen Sie Motivation

**Arbeiten Sie die Vorteile heraus**

Eine der häufigsten Hürden bei der Implementierung der Geschwindigkeit ist das Überwinden von Ängsten und Vorurteilen. Wie könnte dies nachhaltiger funktionieren als über das Darstellen der zu erwartenden Vorteile: für den einzelnen Mitarbeiter, die Zufriedenheit der Kunden, das Image des Unternehmens ... Schwören Sie Ihr Team auf Ihre gemeinsame Mission ein. Allein durch die Identifikation Ihrer Mitarbeiter mit Ihren Zielen werden sie ein weit höheres Tempo an den Tag legen können.

Entwerfen Sie ein attraktives Bild vom Endergebnis und vermitteln Sie es Ihrem Team. Beziehen Sie dabei alle Sinne mit ein. Wie soll das Ergebnis aussehen, wie wird es sich anfühlen, in einem solchen Unternehmen arbeiten zu dürfen, was werden die Kunden sagen?

**Visualisieren Sie das Endergebnis**

**Praxis-Transfer**

Ein vorweggenommenes Ergebnis funktioniert auch bei der Mitarbeiterführung: Wenn Sie jemanden oft genug bei jeder sich bietenden Gelegenheit für seine Schnelligkeit loben, wird er irgendwann an sich glauben und tatsächlich schneller werden.

Ob Prämie oder Gehaltserhöhung – zumeist wird auf monetärer Ebene nach Möglichkeiten der Anerkennung gesucht. Doch es gibt zahlreiche weitere Formen abseits der Entlohnung: Wie wäre es mit einem anderen Titel, mehr Verantwortung, reizvolleren Projekten, einer anderen Ausstattung des Arbeitsplatzes oder der Möglichkeit zur individuellen Weiterbildung?

Schwören Sie jedes Ihrer Team-Mitglieder auf die neue Philosophie ein. Ob durch ein Incentive, eine Brandrede, eine teambildende Maßnahme oder im Idealfall eine Kombination daraus, entzünden Sie ein Feuer der Begeisterung in Ihrer Mannschaft für die vor Ihnen liegende Herausforderung. Lassen Sie es ordentlich krachen.

**Organisieren Sie ein Kick-off-Event**

## Beziehen Sie die Mitarbeiter in den Prozess ein

Ihre Philosophie sollte weniger als Endziel gesehen, vielmehr eine als Art Verhaltensmaxime für jedes einzelne Glied der Kette verstanden werden. Nehmen Sie Ihre Mitarbeiter schon früh mit ins Boot. Erarbeiten Sie keine „Insel-Lösung" im Elfenbeinturm, wenn Sie sich das Engagement Ihrer Mannschaft sichern wollen. Je früher im Entstehungsprozess Sie Ihr Team involvieren, desto mehr Engagement bei der Umsetzung dürfen Sie erwarten. Geben Sie Ihren Mitarbeitern das Gefühl, entscheidend an etwas Bedeutsamem mitzuwirken. Sie werden dann nämlich voller Überzeugung in dem Bewusstsein handeln, ihre eigenen Ausarbeitungen zu verwirklichen. Ihre ganze Kultur sollte auf Geschwindigkeit basieren. Hierdurch entsteht ein Leitbild, das als Basis für alle geschäftlichen Entscheidungen zugrunde liegen kann.

**Bilden Sie Teams**

Bilden Sie Teams, Task-Forces, Arbeitsgruppen – egal, wie Sie die Gemeinschaften nennen. Hauptsache, Sie stecken jeweils einige Mitarbeiter zusammen, um deren Lösungskompetenz zu potenzieren. Der Zusammenstellung kommt hierbei enorme Bedeutung zu. Versuchen Sie, eine ausgewogene Mischung herzustellen. Fördern Sie darin auch die Gruppendynamik und sorgen Sie für gute Stimmung im Team. Lassen Sie die Mitarbeiter sich gegenseitig begeistern.

Es wird schwer werden, jemanden für die Verbesserung zu begeistern, wenn ihm die Ausgangslage nicht bekannt ist. Deshalb: Kommunizieren Sie, was und wie es gemessen wird, und geben Sie den Mitarbeitern die Ist-Zahlen an die Hand. Führen Sic hierzu entsprechende Einzelgespräche.

### Verbessern Sie die Rahmenbedingungen

**Erweitern Sie die Fähigkeiten**

Führen Sie eine Trainingsmaßnahme durch, gestalten Sie einen Workshop oder stellen Sie den Teammitgliedern einen Coach zur Seite. Alles, was die Fähigkeiten und Soft Skills Ihrer Mitarbeiter verbessert, ist zielführend.

Sie müssen natürlich dafür Sorge tragen, dass der zusätzliche Aufwand bewältigt werden kann. Und dies nicht nur während der Umstellungsphase oder des Pilotbetriebs, sondern im Anschluss auch dauerhaft. Es muss am Ende realistisch machbar sein, sonst erreichen Sie auf lange Sicht das genaue Gegenteil. Reduzieren Sie daher nach Möglichkeit den Aufgabenbereich Ihrer Mitarbeiter. Ohnehin gilt längst nicht mehr nur für den Chef: Die Zeit der Generalisten ist vorbei, egal, auf welcher Unternehmensebene.

Wenn die Mitarbeiter keinen Einfluss nehmen können, ist ihr Engagement naturgemäß gering. Übertragen Sie daher Verantwortung und vereinbaren Sie entsprechende Kontrolltermine. Geben Sie Ihren Mitarbeitern auch die Möglichkeit, vor allem zu Beginn der Umstellung bei Fragen immer wieder auf Sie zuzukommen. Hierzu benötigen Sie in Ihrem Unternehmen eine Fehlerkultur. Um Ihre Mitarbeiter zu Höchstleistungen zu motivieren, ist es unabdingbar, dass Sie messbare Kriterien festlegen.

**Übertragen Sie Verantwortung und erhöhen Sie die Messbarkeit**

## Voraussetzungen für schnelle Handlungen

Schnelles Denken alleine genügt nicht, Sie müssen auch in der Lage sein, rasch Entscheidungen zu treffen. Nur wenn Sie zügig entscheiden, während Ihre Wettbewerber noch in endlosen Meetings tagen, wird Ihnen dies einen wesentlichen Vorsprung verschaffen. Um diese Entscheidungsfähigkeit auf allen Ebenen Ihres Unternehmens umzusetzen, gilt es nicht nur, Ihre Mitarbeiter mit der entsprechenden Verantwortung auszustatten, sondern auch, allgemeingültige Richtlinien zu schaffen. Auf deren Basis ist es ein Leichtes, Entscheidungen selbstständig zu treffen. Effektive Unternehmen arbeiten unbürokratisch.

### Praxis-Transfer

Laden Sie zu Meetings ausschließlich die Personen ein, die unmittelbar für die Entscheidungsfindung erforderlich sind. Im Idealfall haben Sie nur Mitarbeiter dabei, die im direkten Kundenkontakt stehen.

Erfolgreiche Unternehmer verwenden Richtlinien für alle Entscheidungen. Erarbeiten Sie diese Richtlinien gemeinsam mit Ihren Mitarbeitern. Dies stärkt das Wir-Gefühl und hilft, die Regeln umzusetzen. Veröffentlichen Sie diese Grundsätze. Achten Sie darauf, dass die Richtlinien eingehalten werden. Ein pragmatischer Ansatz ist hierbei entscheidend. Es geht nicht um eine Firmenphilosophie, die in den Gängen Ihres Unternehmens hängt und fortan von niemandem gelebt wird.

### Praxis-Transfer

Stellen Sie sich als Grundlage Ihrer Entscheidungen die folgenden Fragen:

- Trägt diese Entscheidung dazu bei, uns zu verbessern?
- Wird sie das Geschäft beleben?
- Dient sie unseren Kunden?
- Verbessert sie unser Image?
- Senkt sie unsere Kosten?

### Entscheiden Sie schneller

**Der beste Zeitpunkt ist immer jetzt**

Treffen Sie Ihre Entscheidungen nach Möglichkeit sofort. Der beste Zeitpunkt für eine Entscheidung ist immer: JETZT!

### Praxis-Transfer

#### So trainieren Sie Ihren Entscheidungsreflex

Treffen Sie Entscheidungen innerhalb von 60 Sekunden. Sobald Sie alle Informationen haben, die Sie benötigen, um etwas zu entscheiden, starten Sie einen Timer und geben Sie sich nur 60 Sekunden, um einen tatsächlichen Entschluss zu fassen. Hinterfragen Sie Ihre Wahl, aber beenden Sie die Minute mit einer klaren Entscheidung. Nachdem Sie sich entschlossen haben, handeln Sie unmittelbar, um Bewegung in die Sache zu bringen.

**Delegieren Sie manche Entscheidungen**

Versuchen Sie, Entscheidungen immer möglichst nah am Geschehen zu halten. Lassen Sie Ihre Mitarbeiter Entscheidungen selbst treffen und ermutigen Sie sie auch, sich schnell zu entschließen. Denn eine nicht ganz korrekte Entscheidung, die am Montag getroffen wurde, ist immer noch besser als eine peinlich genau durchdachte Entscheidung mehrere Tage später. Hierbei reicht eine Quote von 70 Prozent, das heißt, ein Manager, der von zehn Entscheidungen sieben richtige trifft, ist in jedem Fall besser als ein langsamerer Konkurrent. Sorgen Sie hier für entsprechende Handlungsspielräume, damit Ihre Mitarbeiter größere Flexibilität zeigen können.

## Stichwort Outsourcing

Die täglichen Herausforderungen sind immens: Der Kostendruck steigt, der Wettbewerb wird immer härter. Die Globalisierung verlangt Kommunikationsfähigkeiten in unterschiedlichen Sprachen. Dabei sind maximale zeitliche Flexibilität sowie die Konzentration auf das Kerngeschäft Voraussetzungen für Erfolg. Traditionelle Office-Prozesse halten diesen Anforderungen selten stand. Hinzu kommen neben Personal- auch externe Kosten, die zunehmend das Unternehmensergebnis belasten.

**Sourcen Sie konsequent aus**

Legen Sie Arbeitsvorgänge in fremde Hände, um schneller zu werden. Lagern Sie die Aufgaben konsequent aus, die Sie nicht zwingend selbst erledigen müssen. Suchen Sie nach Anbietern, Dienstleistern, Assistenten oder freien Mitarbeitern, die sich auf Arbeiten spezialisiert haben, die unterhalb des von Ihnen erzielten Einkommens liegen, um damit Ihre Produktivität zu steigern. Ein Büroservice entlastet Sie von zeitraubenden Organisations- und Kommunikationstätigkeiten – so können

9. Wer bremst, verliert

Sie sich auf Ihr Kerngeschäft konzentrieren und Zeit für neue Projekte und Herausforderungen gewinnen. Unternehmen wie „Früher Feierabend" oder „Global Office" haben sich hierauf spezialisiert.

**Optimieren Sie Ihre Kommunikation**

Kompetente Mitarbeiter nehmen das Telefonat an, wenn Sie nicht verfügbar sind und beispielsweise ein Kunde Sie sprechen möchte. Gesprächswünsche und Nachrichten werden notiert, Termine vereinbart. Das Portfolio eines Büro-Dienstleisters kann Ihnen einiges bieten, da er weder orts- noch arbeitsplatzgebunden ist. Legen Sie bei der Auswahl unbedingt Wert auf persönliche Betreuung und höchste Sicherheitsgarantie.

### Beispiel für einen outgesourcten Büroservice in einem Autohaus

**Ausgangssituation:**

Die Telefonnummer in den online geschalteten Anzeigen für Gebrauchtwagen ist die direkte Durchwahl in die Gebrauchtwagenabteilung des Autohauses.

Da die Gebrauchtwagenverkäufer häufig in Kundengesprächen sind und die Anrufzeiten sehr variieren, ist die telefonische Erreichbarkeit nicht immer gewährleistet und es wird vermutet, dass Anrufe verloren gehen.

**Lösung:**

Das Autohaus legt gemeinsam mit dem Büroservice fest, wie dieser sich melden soll, welche Daten aufgenommen werden und wie dann verfahren werden soll. Ziel könnte es beispielsweise sein, die Überläufe der Gebrauchtwagenabteilung nach dem dritten Klingeln zu übernehmen.

Das Autohaus verwendet ein Leadmanagementsystem, in dem alle Anfragen erfasst werden. Für den Büroservice wird eine Schnittstelle zu diesem System programmiert, durch die sämtliche Gesprächsnotizen auch direkt als Lead erscheinen und somit sofort von einem Verkäufer bearbeitet werden können.

Nach der Auswertung eines kompletten Quartals mithilfe des Leadmanagementsystems konnte der durch die Entgegennahme der Anrufe durch den Büroservice erwirtschaftete Mehrumsatz exakt ermittelt werden.

**Erfolgsmessung:**

Hier die Eckdaten:

338 Anrufe wurden angenommen.
Erreichbarkeitsquote: 96,85 %
Kosten für den Service = 1136,44 Euro

Ergebnisse: Aus den 338 Anrufen, die der Büroservice angenommen hat, sind 41 Verkäufe entstanden (12,13 %).
Der durchschnittliche Branchenumsatz pro Fahrzeug liegt bei ca. 12500 Euro und die Umsatzrendite bei ca. 800 Euro pro Fahrzeug. Das Ergebnis ist ein erheblicher Mehrumsatz bei einem überschaubaren Investment.[14]

---

### Take-aways

- Richten Sie Ihr gesamtes Team auf Geschwindigkeit aus.
- Treffen Sie im Unternehmen schnellere Entscheidungen.
- Lagern Sie Geschäftsprozesse aus, um ein höheres Tempo zu realisieren.

# 10. Die Magie der Geschwindigkeit

So handeln Sie in Lichtgeschwindigkeit

*„Die Erfahrung zeigt: Die Verärgerung der Wartenden vor Aufzügen steigt im Sekundentakt."*

JAMES GLEICK
(US-AMERIKANISCHER AUTOR, *1954)

## Worum geht´s?

- Was Ihre Kunden von Ihnen erwarten
- Wie Sie Ihre Reaktionszeit drastisch senken
- Selbsttest, wie es um die Geschwindigkeit in Ihrem Kundenservice bestellt ist

Das Wochenende ist mir – bei etwa 100 Trainingstagen „on the road" – heilig. Aber wenn es die Kundenbedürfnisse erfordern, mache ich im Einzelfall eine Ausnahme. Und so sitze ich also am Sonntagabend in meinen Wagen, um mich auf den Weg in mein Hotel in der Nähe von Stuttgart zu begeben. Im Hotel dann die Ernüchterung. Mein Zimmer ist nicht gebucht. Als man nach einigem Hin und Her die Reservierung erst für den darauffolgenden Tag findet, lässt sich das Problem glücklicherweise recht unproblematisch lösen und ich erhalte meinen Zimmerschlüssel.

Nach meiner Morgenroutine mache ich mich um 7:40 Uhr zu Fuß auf den Weg zum Verwaltungsgebäude des nur wenige Meter entfernt gelegenen mittelständischen Unternehmens. Bereits fünf Minuten später am Empfang angekommen, nenne ich meinen Namen und frage nach dem mir angegebenen Ansprechpartner. Zu meiner Verwunderung erfahre ich, dass dieser heute gar nicht im Haus ist. Als ich mich daraufhin nach dem zugeteilten Raum für den zweitägigen Produktivitäts-Workshop erkundige, ist meine Verwirrung komplett. Es sei kein Raum für den heutigen, sondern erst für den darauffolgenden Tag reserviert. Mit einem leichten Seufzen erkläre ich, dass der Workshop über zwei Tage angesetzt ist und der morgige Seminartag zwar ebenfalls richtig sei, aber der Workshop bereits heute beginne. Kein Ansprechpartner im Haus, kein Seminarraum vorbereitet, das Hotelzimmer falsch reserviert: Offensichtlich ist bei dieser Firma ein Produktivitäts-Experte dringender erforderlich, als ihnen lieb ist.

8:05 Uhr. Der Zeitmanagement-Experte betritt, seinen Rollkoffer hinter sich herziehend, das Hotel. Genau so, wie ich es 25 Minuten zuvor verlassen habe. Alle Versuche, den Fehler irgendwo beim Auftraggeber oder meiner Assistentin zu suchen, wurden im Keim erstickt, als ich die Auftragsübersicht auf meinen Smartphone aufrief. Der Blick in den Kalender hatte jeden Zweifel beseitigt. Das Seminar war für Dienstag und Mittwoch angesetzt. Ich war exakt 24 Stunden zu früh angereist.

Wenn ich vom Übertreffen der Kundenerwartungen durch Geschwindigkeit spreche, meine ich freilich gelungenere Beispiele als dieses. Und davon gibt es glücklicherweise wahrlich genug, wie ich im Folgenden mehrfach zeigen werde.

## Ihre Zeit ist kostbar – und die Ihrer Kunden?

Geschäftlich dreht sich inzwischen alles um den Faktor Zeit und seine optimale Nutzung, um die mögliche Wertschöpfung zu erhöhen – sowohl für den Kunden als auch für den Anbieter. Längst siegen dabei die Schnellen über die Langsamen. Leider macht sich ein Großteil der Unternehmen dies nicht zunutze.

> Schnell und gut schlägt langsam und perfekt.

Seltsamerweise gehen wir beim Thema Zeit immer von uns selbst aus: Unsere Zeit ist kostbar, unsere Zeit ist begrenzt. Wenn allenthalben der Ruf nach Entschleunigung laut wird, entspringt dies in erster Linie der persönlichen Überforderung. Doch mit unserem individuell empfundenen Gefühl der Zeitknappheit stehen wir nicht alleine da. Fast jeder empfindet Zeit als etwas, von dem er zu wenig hat. Doch kaum ein Unternehmer fragt sich, ob es seinen Kunden vielleicht genauso geht.

An welcher Stelle sind Sie Verbraucher? Wie wertschätzend wird dort mit Ihrer Zeit umgegangen? Wo wird Ihre Geduld als Kunde auf das Äußerste strapaziert? Insbesondere wenn es um Kundenorientierung durch Geschwindigkeit geht, sind Leitsätze wie „Wenn du es eilig hast, gehe langsam" natürlich kontraproduktiv.

Wie verhält es sich, wenn Sie von anderen genötigt werden, unfreiwillig mehr Zeit zu investieren, als es Ihnen recht ist? Wenn Sie gezwungen sind, zu warten? Diese Zeit geht unfreiwillig verloren, ist nur bedingt ein bewusster Prozess, auf den Sie Einfluss nehmen können. Klar kann es immer noch lohnend sein. Wenn Sie sich auf Ihr Reiseziel freuen, nehmen Sie die halbstündige Verspätung der Bahn natürlich zähneknirschend in Kauf. Was bleibt Ihnen auch anderes übrig? Außer beim nächstes Mal einen anderen Anbieter vorzuziehen.

**Zeitempfinden ist subjektiv**

Der Umgang mit dem wertvollen Gut Zeit wird sehr subjektiv gemessen. Auf der einen Seite vertrödeln wir Stunden mit dem Surfen in irrelevanten Statusmeldungen oder dem Hochladen von Essensfotos, auf der anderen Seite sind wir ungeduldig und empfinden bereits fünf Minuten Wartezeit als Unverschämtheit. Eine ambivalente Einstellung? Sicher. Aber dadurch nicht weniger wahr. So bleibt uns aus unternehmerischer Sicht nichts anderes übrig, als wertschätzend mit der Zeit unserer Kunden umzugehen. Und das bereits, bevor sie unsere Kunden werden. Damit sie unsere Kunden werden.

Wenn Sie nicht gerade als Monopolist in einem Markt ohne Wettbewerb aktiv sind: Nehmen Sie Ihre Kunden ernst und beschleunigen Sie Ihr Tempo! Denn Geschwindigkeit wird heutzutage gleichgesetzt mit Qualität, Professionalität und Mehrwert. Auch im Kopf Ihrer Kunden. Machen Sie sich diese Wahrnehmung zunutze.

**Geschwindigkeit heißt Qualität und Professionalität**

Im Wettlauf um die Gunst des Kunden ist es ein größerer Vorteil, schneller zu sein, als besser zu sein!

Unter mehreren Wettbewerbern ist es stets der Schnellste, der sich der ungeteilten Aufmerksamkeit des Entscheiders sicher sein kann. Alle anderen Kriterien vermögen nur schwer, den Boden wiedergutzumachen, der durch zu geringe Geschwindigkeit verloren ging. Häufig sind selbst Preis und Qualität nicht die entscheidenden Argumente. Qualität wird erwartet. Aber ohne Tempo ist sie wertlos. Denn Geschwindigkeit ist Servicequalität. Deshalb wird das Tempo, in dem Sie Ihre Leistung erbringen, vom Kunden auch unmittelbar wahrgenommen. Deshalb kann Tempo im Kampf um den Kunden zu Ihrer wertvollsten Waffe werden. Schlagen Sie sich nicht selbst. Was zählt, sind schnelle Ergebnisse. Diese unterscheiden Sie vom Wettbewerb.

Ob im Kundenservice, in der Produktion oder der Kommunikation: 48 Prozent der in Deutschland befragten Kunden geben „Schnelligkeit beim Kundenservice" als wichtigsten Zufriedenheitsfaktor an.[15] Das Marktforschungsinstitut Dynamic Markets hat 2011 im Auftrag von Avaya, einem Anbieter von Software für die Geschäftskommunikation, 700 deutsche und britische Führungskräfte mittelständischer Unternehmen zu den Ursachen ihres Geschäftserfolgs befragt. Mehr als zwei Drittel der Ent-

**Studie sieht Schnelligkeit als Erfolgsfaktor**

scheider (68 Prozent) sind der Meinung, dass die schnelle Beantwortung von Kundenanfragen der wichtigste Erfolgsfaktor ist. Die Studie zeigt aber auch, dass die Mehrheit der Unternehmen sich nicht in der Lage fühlt, so schnell auf Kundenanfragen zu reagieren, wie es die Wirtschaft von heute erfordert. Die Geduld des Kunden wird oft überstrapaziert. Immer dann, wenn Ihr Kunde gezwungen ist, viel Zeit zu investieren, laufen Sie Gefahr, ihn zu verlieren.

**Zeitverbrauch gleich Geldverbrauch**

Im Allgemeinen zählt bei Dienstleistungen das lineare Zeitverständnis: Zeit ist für den Kunden gleich Geld, Zeitverbrauch gleich Geldverbrauch. Deshalb strebt er eine Minimierung der Zeit an, was besonders in dem Bemühen deutlich wird, alle Nicht-Transaktionszeiten kurz zu halten. So erscheinen die für den Transport und die Erledigung von Formalitäten aufgewendeten Zeiten grundsätzlich als Kosten, die es zu reduzieren gilt.

**In folgenden Bereichen des Kundenkontakts ist Tempo für Unternehmen (über-)lebenswichtig:**

- Anfragen
- Allgemeine Kommunikation
- Lieferzusagen
- Wartezeiten
- Kundenservice

Natürlich kann es für Einzelunternehmer und Freiberufler eine Herausforderung bedeuten, die obigen Punkte umzusetzen. Aber gerade für sie ist es alternativlos, sich mit den in diesem Buch genannten Impulsen intensiv auseinanderzusetzen, wenn sie sich nicht im Tagesgeschäft aufreiben und das Rennen auf lange Sicht gegen schnellere Wettbewerber verlieren wollen.

## Anfragen

Der Kunde kennt das Problem nur zu gut, dass sich eine Antwort auf seine Anfrage verzögert und ihm das Gefühl gibt, sein Anliegen werde nicht ernst genommen. Haben Sie das nicht an mancher Stelle bereits selbst erlebt? Umso positiver können Sie ihn mit Geschwindigkeit überraschen. Denn sie bringt einen klaren Wettbewerbsvorsprung mit sich. Keine unmittelbare Antwort hingegen ist wenig professionell.

Denken Sie an Ihren letzten oder einen möglichen zukünftigen Umzug: Da wir in Deutschland generell für jede Anfrage mindestens drei Angebote benötigen, machen Sie sich sogleich im Netz auf die Suche nach infrage kommenden Speditionen. Sie rufen an und vereinbaren jeweils einen Besichtigungstermin bei sich zu Hause. Nun haben Sie also drei Disponenten, die durch Ihr Haus spazieren, den gesamten Hausstand begutachten, einige zusätzliche Informationen sammeln, um Ihnen ein entsprechendes Angebot zu unterbreiten. In allen drei Fällen ist die Ausgangslage identisch: Ihr Hausstand, die Quadratmeterzahl, das benötige Verpackungsmaterial, der geplante Termin sowie Start und Ziel des Umzugs gelten für alle Speditionen gleichermaßen. Sie können somit davon ausgehen, dass der Input in jedem Fall übereinstimmt.

**Warum die zweitschnellste Spedition verliert**

Stellen Sie sich vor, das erste Angebot erreicht Sie am darauffolgenden Tag. Angebot Nummer zwei liegt nach drei bis vier Tagen in Ihrem Briefkasten und Angebot Nummer drei trudelt schließlich irgendwann nach gut zwei Wochen bei Ihnen ein. Auch wenn Ihr Umzugstermin noch in weiter Ferne liegt, stimmen Sie höchstwahrscheinlich mit mir überein, dass Angebot drei von vornherein ausscheidet. Warum? Weil wir Geschwindigkeit längst zu einem Gradmesser für Qualität gemacht haben.

Wenn ein Dienstleister viel Zeit benötigt, bis er überhaupt auf unsere Anfrage reagiert, werden wir dies unweigerlich auch auf die zu erwartende Dienstleistung übertragen. Anbieter drei hat

**Reaktion zeigt Qualitätsbewusstsein**

sich hier also klar selbst disqualifiziert. Auch wenn sein Angebot deutlich unter dem Preis der beiden Wettbewerber liegt, werden Sie Ihr Hab und Gut diesem Spediteur vermutlich nicht anvertrauen.

Wer ist in Ihren Augen das professionellste Unternehmen und hat einen deutlichen Vertrauensvorsprung bei der Auftragsvergabe? Ganz eindeutig Anbieter eins, dessen Angebot bereits am nächsten Tag in Ihrem Briefkasten liegt. Bei diesem gehen Sie zu Recht davon aus, dass es sich um einen Vollprofi handelt, der Ihre Anfrage nicht nur ernst nimmt, sondern vorrangig behandelt. Welche Rückschlüsse werden Sie deshalb auf seine Arbeit ziehen? Allein durch das Tempo der Angebotserstellung sind Sie höchstwahrscheinlich bereit, einen höheren Preis in Kauf zu nehmen. Denn auch wenn dieser Anbieter preislich über Spedition zwei liegt, werden Sie dies nicht weiter verwunderlich finden. Sie werden ihn (unter normalen Umständen) ernsthaft in Ihre Überlegungen einbeziehen.

Und, was glauben Sie, wie groß der individuell anzufertigende Anteil am Angebot von Umzugsfirmen ist? Höchstwahrscheinlich können doch, wie in den meisten Branchen, etwa 80 Prozent bereits im Vorfeld erstellt werden, sodass nur noch ein geringer Prozentsatz angepasst werden muss. Warum also dauert es trotzdem zwei Wochen?

**Verspätete Antwort = K.-o.-Kriterium**

Wer eine Dienstleistung oder ein Produkt anfragt und bis zum nächsten Tag keine Antwort hat, der wendet sich eben an eine andere Firma. Derjenige, der eine Kundenanfrage als Erster beantwortet und dann auch noch einen baldigen Liefertermin und überzeugende Konditionen nennen kann, gewinnt den Auftrag. Jede Woche, jeder Tag, jede Stunde Verzug lässt Ihr Angebot auf dem Markt ein Stück unattraktiver werden. Schnelligkeit ist ein Garant für Aufträge.

**Praxis-Transfer**

**Formulieren Sie vor**

Wie können Sie Ihr Angebot individualisieren und trotzdem Ihr Tempo steigern? Der einfachste Weg ist sicherlich, in diesem Bereich ein modulares System nach dem Baukasten-Prinzip zu entwickeln, mit dem sich einzelne Bestandteile bequem auswählen und ergänzen lassen. Formulieren Sie zu diesem Zweck Angebote, Anschreiben, Neukundeninformationen vor – sobald Sie eine Anfrage erhalten, schicken Sie alles sofort ab!

Ich selbst erinnere mich nur zu gut an einen Fall, in dem ich am Montag gegen Spätnachmittag telefonisch auf eine Anfrage reagiert habe, die am Freitagmittag per E-Mail eingegangen war. Die Mitarbeiterin eines Kunden hatte meinen Vortrag auf der Berlinale erlebt, hatte zwischenzeitlich das Unternehmen gewechselt und wollte mich nun für ebendiesen Vortrag bei ihrem neuen Arbeitgeber engagieren. Sie war erst einige Wochen auf der neuen Stelle und hatte mich in einem Meeting für die bevorstehende Veranstaltung vorgeschlagen. Da die Zeit bis zum geplanten Veranstaltungstermin knapp war, wurde nach dem Meeting am Freitagvormittag ein weiteres auf den Montagmittag gelegt. Sie erhielt den Auftrag, mich zu kontaktieren, und konnte nach dem Wochenende noch mit keiner Reaktion aufwarten. Die Folge: Ein bereits zuvor ins Auge gefasster Referent wurde trotz der Empfehlung bevorzugt. Natürlich hätte meine Reaktion so ausfallen können, wie es vermutlich auch bei zahlreichen Lesern der Fall gewesen wäre: „Was kommt der Kunde auch auf den letzten Drücker!" Aber klar ist auch: Wenn uns eine E-Mail oder ein Anruf erreicht, ist es für den Kunden eben häufig der viel zitierte „letzte Drücker". Und dementsprechend hoch ist gegebenenfalls auch der Leidensdruck. Genau an dieser Stelle können wir ihm demnach enorm helfen. Oder es tut ein anderer.

*Hilfe in der Not*

**Eine Frage der Priorität**

Wenn ein Anruf oder eine Mail Sie erreicht, bedeutet dies zwangsläufig: Sie stehen auf der To-do-Liste eines anderen Menschen. Widmen Sie sich nun dieser „Störung", bleibt Ihre Aufgabenliste während dieser Zeit unbearbeitet. Die Dringlichkeit ist offensichtlich. Aber die Frage ist natürlich: Ist es in Ihren Augen wichtig genug, um unmittelbar bearbeitet zu werden? Dies hängt generell mit der Frage zusammen, welche Priorität Ihr Kunde (Ihr Chef, Ihr Mitarbeiter, Ihr Kollege) in Ihrem Unternehmen genießt. Und genau nach der Antwort darauf sollte sich das Tempo Ihrer Reaktion richten. Die Anfrage eines Kunden sollte in Ihrem Unternehmen grundsätzlich im besten Sinne einen Ausnahmezustand auslösen. Stellen Sie sicher, dass jede Anfrage innerhalb von längstens 24 Stunden beantwortet wird. Besser sind zwölf. Sehr gut sind sechs. Perfekt sind drei.

Natürlich sieht das zunächst nach Stress aus. Allerdings nur so lange, bis entsprechende Systeme so geschaffen sind, dass derartige Reaktionszeiten in Ihrem Unternehmen gewährleistet werden können. Wie Sie dies sicherstellen, erfahren Sie in Kapitel 12.

**Real-Time-Kundenbeziehung**

Kundenservice muss in Zukunft neu und anders definiert werden. Es geht um Tempo. Darum, immer ein Stück schneller zu sein als die Konkurrenz. Damit niemand eine Minute länger wartet als unbedingt nötig. Zeit ist seit jeher ein Maßstab für Wertschätzung. Und aus Sicht des Kunden bedeutet Schnelligkeit ein Höchstmaß an Wertschätzung seiner begrenzten Zeit und damit einen klaren Wettbewerbsvorteil. In Ihrem Unternehmen sollte daher eine Real-Time-Kundenbeziehung das erstrebenswerte Ziel sein. Interagieren Sie in Echtzeit.

**Best Practice: Restaurant**

Das Essen war vorzüglich, aber das war zu erwarten. Den Anfang bildeten köstliche Lachsvariationen, gefolgt von einem auf den Punkt gebratenen Steak nebst Salat, bevor ein wunderbarer Espresso mein Menü abrundete. Ein Besuch im *Erbprinzen* lohnt sich immer. Nicht umsonst wird die Küche von Ralph Knebel mit einem Stern im Guide Michelin gewürdigt. Ich hatte spontan entschieden, auf dem Weg von einem Vortrag in Ulm zurück nach Hause von der Autobahn abzufahren, um in dem Restaurant meiner Wahl in dem kleinen Städtchen Ettlingen vor den Toren Karlsruhes einzukehren. Es war Samstagabend, viertel vor acht. Einen Tisch hatte ich nicht reserviert.

Da ich allein unterwegs war, nutzte ich die Zeit zunächst, um den zuvor gehaltenen Vortrag nachzubearbeiten und mir einige Ideen für die kommende Woche zu notieren. Im Anschluss vertrieb ich mir die Zeit und warf einen Blick auf die Facebookseite des Restaurants, um dort eine kurze, positive Bewertung zu hinterlassen, bevor ich mich irgendwann gegen 22 Uhr rundum zufrieden aufmachte, um meinen Heimweg anzutreten. Eine knappe Stunde später fuhr ich auf den Parkplatz vor meinem Haus, als mir mein Telefon dezent meldete, dass es bereits einen Kommentar auf meine Bewertung gab. Das Restaurant hatte nicht nur unmittelbar und individuell auf meine Bewertung reagiert, sondern auch zugesichert, den einzigen Kritikpunkt meines Postings, eine für mein Empfinden etwas zu hohe Raumtemperatur, zu überprüfen. Samstagabends, 22:55 Uhr. Auch wenn das Haus auf Ursprünge im Jahr 1788 zurückblicken kann, ist es im Hier und Jetzt angekommen. Klar ist es inzwischen erforderlich, Kritik anzunehmen und darauf offen zu reagieren. Aber in einer solchen Geschwindigkeit zu einem solchen Zeitpunkt grenzt dies nahezu an Magie. Und sorgt damit nicht nur für Verblüffung, sondern vor allem auch dafür, dass der Kunde wiederkommt, weil er das Gefühl hat, ernst und wichtig genommen zu werden. Tempo ist Wertschätzung.

**Tempo ist Wertschätzung**

Hier aus meiner eigenen Praxis zwei weitere Beispiele, wie Sie punkten können:

Im Vorfeld eines Tagesseminars in Frankfurt, das ich auf einen Sonntag gelegt hatte, habe ich Folgendes gemacht: Freitags habe ich Briefe an die angemeldeten Teilnehmer vorbereitet, in denen sinngemäß stand: „Ich habe mich sehr gefreut, Sie am Sonntag kennengelernt zu haben, hier sind noch ein paar Folgeangebo-

**Best Practice: Follow-up-Mailing**

10. Die Magie der Geschwindigkeit

te. Schauen Sie doch, ob das interessant für Sie sein könnte ..."
Dann habe ich die Umschläge am Samstag zur Post gebracht, was bedeutete, dass jeder Teilnehmer seinen Brief bereits am Montag im Briefkasten vorfand. Und dies, obwohl das Seminar erst am Sonntag stattgefunden und ich am Montag noch mit einigen Gästen gemeinsam im Hotel gefrühstückt hatte. Die Empfänger waren dementsprechend beeindruckt. Diese Aktion hat mich so gut wie nichts gekostet, außer ein bisschen Nachdenken. Aber es hat funktioniert!

Ein weiteres Beispiel: Wenn ich für mehrere Tage unterwegs bin, um am Rande meiner Vorträge mit dem ein oder anderen Entscheider über ein Engagement für seine Kunden oder Mitarbeiter zu sprechen, habe ich grundsätzlich Folgendes im Gepäck: einen Kurzbrief sowie einen frankierten Umschlag. Suchen Sie sich für den Umschlag eine Farbe aus, die sofort auffällt. Sobald ich nach meinem Gespräch wieder im Auto sitze, verfasse ich von Hand mit meinem Füllfederhalter ein paar Zeilen in der Art: „Schön, dass wir uns kennengelernt haben, ich würde mich freuen, wenn es in Zukunft zu einer Zusammenarbeit kommt ..." Dann schreibe ich die Adresse von der erhaltenen Visitenkarte ab und werfe das Ganze in den nächstgelegenen Briefkasten. Das funktioniert immer und kostet mich – abgesehen von Umschlag und Karte – nur 0,70 Euro Porto. Wichtig ist, dass Sie sofort von Hand schreiben und nicht ein paar Tage später eine E-Mail schicken.

## Allgemeine Kommunikation

**Beispiel E-Mail-Reaktionszeit**

In unserem zuvor beschriebenen Test haben manche Unternehmen mit einer E-Mail innerhalb von weniger als zwölf Stunden geantwortet, in der sie eine längere Bearbeitungszeit angekündigt haben. Immerhin. Die Mail-Beantwortungszeiten und deren Verantwortlichkeit müssen eindeutig geregelt sein. Sie brauchen klare Vorgaben, nach denen sich Ihre Mitarbeiter richten können. Reduzieren Sie die Kanäle, auf denen Sie Kundenanfragen erreichen. Kommunizieren Sie so wenige E-Mail-Adressen wie möglich. Und selbstverständlich sollte nicht jeder Mitarbeiter sich fortwährend in panischer Angst vor einer verpassten Anfrage im Posteingang aufhalten und damit nicht mehr zu seiner eigentlichen Arbeit kommen. Aber ein regelmäßiges, mindestens zweistündiges Abrufintervall einschließlich der dann zur Verfügung stehenden Zeit für die Beantwortung muss in Ihrem Unternehmen gewährleistet sein. Aber bitte sehr: nicht zwingend durch Sie persönlich.

Natürlich hängt die Reaktionszeit erheblich von Gestaltung, Organisation, Verantwortung und Einbindung des jeweiligen Arbeitsplatzes ab. Selbstverständlich gelten für ein IT-Support-Team andere Erwartungen als für den Vorstand eines Konzerns. Aber generell sind Prozesse und Ressourcen so zu steuern, dass E-Mails an die im Außenverhältnis kommunizierte Adresse innerhalb von maximal drei Stunden beantwortet sind.

Ebenso wie ein Telefon abgehoben werden muss. Zwingend. Und das nach Möglichkeit nicht von einer Maschine, sondern persönlich. Dienstleister müssen sich klar darüber sein, wie die Wartezeit die Zufriedenheit der Kunden beeinflusst. Hierzu gilt es, entsprechende Überläufe zu regeln. So sind nach einer Studie beispielsweise die Inhaber von Kreditkarten, die bei American Express anrufen, mit der Reaktionszeit nur dann zufrieden, wenn ihr Anruf spätestens nach dreimaligem Läuten entgegengenommen wird, danach sinkt die Zufriedenheit stark ab.[16]

**Telefon nicht klingeln lassen**

## Lieferzusagen

Wir haben uns inzwischen an ungenaue Zeitangaben gewöhnt. „Im Lauf des Tages" ist für viele Handwerker ja bereits eine präzise Terminangabe. Daher sollten Sie Ihre bisherige Wohnung erst kündigen, wenn der Innenausbau Ihres neuen Hauses auch wirklich fertiggestellt ist. Und dieser wird sich erheblich von dem Termin unterscheiden, der Ihnen angegeben wurde. Seien

Sie dessen versichert. „Promised is not delivered" („Versprochen ist noch nicht geliefert") durfte ich auf der Plane eines Spediteurs lesen. Besser kann man es gar nicht in Worte fassen.

Im Regelfall sind wir, wenn uns unser Kunde nach einem Liefertermin fragt, versucht, einen möglichst frühen Termin zu nennen, um ihn zu beeindrucken. Wir kalkulieren dann nach dem Prinzip Hoffnung in etwa so: Wenn ich heute, morgen und am Freitag noch ein paar Stunden daran arbeite, kann ich bis Montagmittag fertig sein. Antworten Sie Ihren Kunden nicht, bis wann Sie es im besten Fall, sondern bis wann Sie es in jedem Fall schaffen!

**Reduzieren Sie die Erwartungshaltung**

Der einfachste Weg, jemanden tatsächlich zu beeindrucken, ist es, sich einen Zeitpuffer zu verschaffen. Machen Sie keine großen terminlichen Versprechungen und liefern Sie stattdessen früher. Räumen Sie sich nach Möglichkeit doppelt so viel Zeit ein, wie Sie tatsächlich benötigen, und stellen Sie die Arbeit vor dem vereinbarten Termin fertig. Verlängern Sie daher nach Möglichkeit schon vorher den Zeitraum, den sich der Kunde gedulden muss. Sagen Sie beispielsweise: „Ich schicke Ihnen die Information bis zum 10. dieses Monats." Und dann liefern Sie zwei Tage früher! Den Ruf, wirklich zuverlässig zu sein, bekommt ein Unternehmen erst, wenn sowohl Kommunikation als auch Lieferung zuverlässig sind. Bei Auftragseingang muss die Firma einen konkreten Termin nennen, bis zu dem das gewünschte Produkt geliefert oder die Dienstleistung erbracht wird. Und dieser Termin muss eingehalten werden. Ausnahmslos.

..........................................................................................

**Praxis-Transfer**

Gibt es bei Ihnen klare Vorgaben, welche verbindlichen Aussagen zu Lieferzeiten von allen Stellen im Unternehmen zu treffen sind?

..........................................................................................

**Best Practice: Büromöbelhersteller**

Das Unternehmen Geramöbel hatte eine geniale Idee, um sich gegenüber den Wettbewerbern ein echtes Alleinstellungsmerkmal zu verschaffen: Mit den „schnellsten Büromöbeln Europas" setzt das Unternehmen mit Lieferzeiten von nur 48 Stunden innerhalb Deutschlands in der Branche den Maßstab. Büromöbel werden in der Regel in Fachgeschäften oder online gekauft – weniger in Möbelhäusern. Die Lieferzeit vom Hersteller an den Fachhandel beträgt in den meisten Fällen vier bis sechs Wochen. Dies liegt zum einen an der Produktionszeit, die aufgrund der Vielzahl an Varianten beträchtlich ist, zum anderen an der Auslieferung über eigene Lkw mit Spezialhalterungen, wobei die Touren voll sein müssen.

Geramöbel erkannte die Chance, dass man – wenn man sich auf die gängigsten Modelle beschränkt – kürzere Produktionszeiten schaffen, ein überschaubares Vorratslager halten und somit schneller liefern kann. Zudem ermöglichen es ausgereifte logistische Konzepte, die Lieferung in Bestzeit zu garantieren: Das Unternehmen versendet seine Möbel einfach mit freien Speditionen, die auch andere Ware ausliefern und damit sofort versandbereit sind. Dies ist möglich durch eine Spezialverpackung, die keine speziellen Halterungen mehr erforderlich macht. Selbst über das umfangreiche Standardprogramm hinaus beträgt die Lieferzeit bei Geramöbel drei Wochen – was immer noch nahezu doppelt so schnell ist wie beim Wettbewerb.

## Wartezeiten

Niemand mag lange warten. Es ist ein belegtes Phänomen, dass Wartezeiten nicht nur als langweilig, bedrückend (also in hohem Maße negativ), sondern zudem als besonders lang empfunden werden. So ist es möglich, dass die wahrgenommene Qualität Ihrer Dienstleistung wesentlich von der Wartezeit abhängt. Deren Länge wird tendenziell überschätzt, die der eigentlichen Transaktionszeit wird prinzipiell eher unterschätzt und ist so auch als Angebotsmerkmal weniger wichtig.

**Kreativität ist Trumpf**

Wo wartet Ihr Kunde? Etwa bei der Reaktion auf eingehende Nachrichten, bei Zahlungsläufen oder Lieferfristen? Hier schlägt Kopf Kapital. Kreativität ist Trumpf. Es gibt so viele Kleinigkeiten, mit denen Sie Ihrem Kunden das Gefühl geben können, dass seine Zeit genauso wertvoll ist wie Ihre.

**Wartezeiten ankündigen**

Nehmen Sie sich den Europa-Park in Rust als Beispiel. Wenn man sich dort mit seinen Kindern an einem Wochenende in den Ferien einfindet, kommt man nicht umhin, sich vor den Fahrgeschäften in lange Schlangen einzureihen. Schlange stehen ist per se vergeudete Lebenszeit. In dem Fall aber hat man aus der Not eine Tugend gemacht und informiert die Besucher durch das Aufstellen entsprechender Tafeln zumindest über die zu erwartende Wartezeit. Darauf steht dann beispielsweise: „Ab hier noch 90 Minuten." An und für sich wäre das ein eindeutiges Signal, um dieses Fahrgeschäft weiträumig zu meiden. Aber was tun, wenn Ihr Kind Sie zielgerichtet genau an das Ende dieser Schlange zieht? Kinder haben nun einmal ein anderes Zeitgefühl – und gleichzeitig eine so überzeugende Art. So harren Sie der Dinge, die da – irgendwann vielleicht – kommen werden. Dennoch finden Sie unter den Hunderttausenden Besuchern täglich nur fröhliche Gesichter. Denn die entscheidenden Tricks des erfolgreichen Freizeitparks sind: Während Ihre Erwartung mittlerweile bereits im Keller angelangt ist, weil Sie sich auf einanhalb Stunden Wartezeit eingestellt haben, hält Sie der Betreiber durch das Aufstellen immer weiterer Schilder bei Laune. Motiviert durch Aufschriften wie „Ab hier noch 60, 45, 30 Minuten" usw. verbietet es sich irgendwann von selbst, abzubrechen, da man zu diesem Zeitpunkt ja bereits mehr als 50 Prozent der Wartezeit erfolgreich absolviert hat. Aber jetzt kommt das Entscheidende: Irgendwann landen Sie tatsächlich ganz vorne. Und dieser Zeitpunkt liegt immer um einiges vor dem ursprünglich angekündigten. Das Verrückte: Sie jubeln innerlich, weil Sie nur 75 Minuten warten mussten, obwohl 90 angekündigt waren. So leicht kann es sein. Auf diesem Weg macht man Kunden glücklich.

Wenn Wartezeiten unvermeidlich sind, unterrichten Sie Ihren Kunden frühzeitig darüber. Wird der Kunde sofort, wenn Schwierigkeiten auftreten, informiert im Sinne von „Tut uns leid, die Sendung verzögert sich um eine Woche, weil ein Bauteil nicht rechtzeitig vom Zulieferer gekommen ist", dann weiß er, woran er ist. Aber er ärgert sich trotzdem.

**Praxis-Transfer**

Schaffen Sie Zeitpuffer

Fragen Sie sich: Wo wartet Ihr Kunde? Wo gibt es unumgängliche Wartezeiten? Wie können Sie diese subjektiv verkürzen? Beispielsweise kündigen Sie Wartezeiten frühzeitig an und erhöhen dabei die veranschlagte Zeit, um Ihre Kunden dann durch eine schnellere Ausführung positiv zu überraschen.

## Kundenservice

Der Geschäftsführer eines Messeveranstalters aus Karlsruhe berichtete einmal von folgendem Erlebnis: Als er von seinem Wohnort in Baden-Baden auf dem Weg zu einem wichtigen Termin in seinem Büro in Karlsruhe war, streikte sein Audi knapp 50 Kilometer nach dem Start kurz vor der Autobahnausfahrt. Kurzerhand nahm er Kontakt mit dem Baden-Badener Autohaus auf, um sich nach einer Lösung für das Problem zu erkundigen. Vor allem der Termindruck saß ihm natürlich im Nacken. Doch das Autohaus bewies außerordentliche Kundenfreundlichkeit und Serviceorientierung: Innerhalb von gerade einmal 28 Minuten war ein Abschleppwagen mit einem Ersatzfahrzeug auf dem Hänger vor Ort und am gleichen Abend stand das Fahrzeug abholbereit in der Werkstatt. Können Sie sich vorstellen, dass der erfolgreiche Geschäftsmann nach dieser positiven Erfahrung sämtliche Fahrzeuge seines Fuhrparks je irgendwo anders bestellen würde?

*Best Practice: Autohaus*

Daran erkennen Sie professionell geführte Unternehmen: dass sie in Echtzeit auf die Bedürfnisse ihrer Kunden reagieren und damit einen Wettbewerbsvorteil gegenüber ihrer Konkurrenz haben.

**Praxis-Transfer**

Selbsttest Kundenservice

- Öffnen Sie Ihre Geschäfte, Filialen, Kundenbüros bereits fünf Minuten vor den offiziellen Öffnungszeiten?
- Wird das Telefon in Ihrem Unternehmen spätestens nach dem dritten Klingeln abgehoben?
- Erfolgt die Erledigung einer Beschwerde in maximal 48 Stunden?
- Werden E-Mails innerhalb von 24 Stunden beantwortet?
- Auf welchen Wegen erreichen Sie die Anfragen Ihrer Kunden?
- Innerhalb welcher Zeit werden An- und Rückfragen Ihrer Kunden beantwortet und wie stellen Sie diese Reaktionszeit sicher?
- Ergreifen Sie Maßnahmen, um unvermeidliche Wartezeiten zu verringern?

**Take-aways**

- Schnelligkeit ist der wichtigste Faktor für Kundenzufriedenheit.
- Übertreffen Sie die Erwartungen Ihrer Kunden und überraschen Sie mit schneller Reaktion.
- Informieren Sie frühzeitig über unvermeidliche Wartezeiten.

# 11. Auf der Überholspur zum Erfolg

Wie Sie in Höchstgeschwindigkeit zum Wettbewerbsvorteil gelangen

*„Ein Jahr Marktvorteil kann 20 Prozent Kostenvorteil mit sich bringen."*
      KARL HEINZ BECKURTS (DEUTSCHER MANAGER, 1930 – 1986)

## Worum geht´s?

- Wie Sie Ihr Unternehmen zukunftsfähig machen
- Warum schnelle Innovationen einen wesentlichen Pluspunkt darstellen
- Wie Sie eine neue Unternehmenskultur entwickeln

Noch vor wenigen Sekunden waren es gerade einmal knapp 10 km/h, mit denen das Gefährt seine 36 Insassen beförderte. Jetzt, am Scheitelpunkt, kommt es sogar fast zum Stillstand. Plötzlich stürzt es mit 127 Stundenkilometern 73 Meter in die Tiefe. Spitze Schreie sind zu hören, während anderen der Atem stockt. Einige reißen ihre Arme nach oben, wieder andere versuchen, ihre Hände vor das Gesicht zu halten, in dem der Fahrtwind zu spüren ist. Adrenalin pumpt sich in die Venen, Blutdruck und Puls steigen. Gerade einmal drei Minuten dauert das atemberaubende Erlebnis, bevor man endlich wieder festen Boden unter den Füßen hat. Mehrere Millionen Euro wurden in den Bau des „Silver Star" gesteckt, der Aufsehen erregenden Achterbahn im Europa-Park in Rust bei Freiburg. Der 1620 Meter lange Hyper Speedcoaster zieht jährlich Tausende Schaulustiger und

Wagemutiger in Deutschlands bekanntesten und beliebtesten Freizeitpark.

**Best Practice: Europa-Park**

Seit 40 Jahren hat sich die Familie Mack ganz dem Vergnügen verschrieben. Und der Geschwindigkeit. Tempo ist nicht nur in Attraktionen wie dem „Silver Star" zu erleben, der viertschnellsten Achterbahn ihrer Art in Europa. Um das erforderliche Tempo auch im Tagesgeschäft sicherzustellen, laufen im Hintergrund Prozesse ab, die für Besucher weitestgehend unbemerkt bleiben. Dabei sind es gerade diese vielen kleinen, kaum sichtbaren Abläufe, in denen sich die Geschwindigkeit manifestiert. Wer über fünf Millionen Besucher pro Jahr begrüßen darf und dabei ein Areal unter Kontrolle haben muss, das sich über eine Fläche von fast 130 Fußballfeldern erstreckt, muss perfekt organisiert sein, um entstehende Wartezeiten zu minimieren.

Welcher organisatorische Aufwand dahintersteckt, um einen reibungslosen Zugang zu dem gefragten Freizeitpark zu gewährleisten, lässt bereits die Anfahrt erkennen: Durch eine einzigartige Zufahrtstraße mit Wechselspuranlage wird der Verkehr morgens schneller zum und abends schneller weg vom Park geführt. Vom Parkplatz aus verlaufen Förderbänder, die die Besucher in Richtung Park transportieren, wie man sie sonst nur von Großflughäfen kennt. Im Eingangsbereich erwartet den Besucher ein Personaleinsatz, der sich an den Belastungsspitzen orientiert. Morgens sind dort beispielsweise alle verfügbaren Kräfte eingesetzt, damit die Gäste schneller in den Park gelangen. Für die Gäste der fünf parkeigenen Themenhotels gibt es einen Premium-Service: Übernachtungsgäste haben einen eigenen Eingang, um einige der Attraktionen bereits 30 Minuten vor den anderen Besuchern erleben zu können. Die absolute Krönung in Sachen Kundenservice: Eine eigene App verrät dem Besucher, wo er gerade am schnellsten drankommt.

Man trifft Geschwindigkeit im Europa-Park in nahezu sämtlichen Bereichen: beim Adrenalinkick in den Attraktionen ebenso wie in den kleinen Details, die einen reibungslosen Ablauf gewährleisten. Wenn Sie demnächst den Europa-Park besuchen, achten Sie mal darauf: Sicher werden Sie zahlreiche Beispiele entdecken, in denen sich unglaublicher Kundenservice durch Geschwindigkeit auszeichnet.

## Das richtige Timing entscheidet

Mitunter sind es Sekundenbruchteile, die zwischen Sieg und Niederlage, Ruhm und Bedeutungslosigkeit entscheiden. Seien es sportliche Großereignisse wie der 100-Meter-Lauf bei den Olympischen Spielen oder gesellschaftlich bedeutende Momente wie die Landung auf dem Mond. Für den Zweitplatzierten bleibt in den Geschichtsbüchern bestenfalls der Platz im Statistikteil.

Wer erinnert sich schon an den Namen Buzz Aldrin, den zweiten Mann auf dem Mond? Dabei war es nur dieser berühmte eine Schritt, den er hinter Neil Armstrong zurückblieb. Aber damit blieb ihm lediglich eine magere Erwähnung im Rahmen der Chronistenpflicht. Wir können es drehen und wenden, wie wir wollen, aber die Nummer zwei ist nun mal der erste Verlierer.

**Die Nummer zwei ist der erste Verlierer**

„Der Kunde steht im Mittelpunkt." So oder so ähnlich steht es in beinahe jeder Imagebroschüre nahezu aller Unternehmen, die mir in den letzten Jahren untergekommen sind. Aber wie steht es mit der tatsächlichen Ausrichtung des jeweiligen Unternehmens? Inwiefern wird dieser hehre Grundsatz wirklich gelebt? Wenn der Fokus Ihrer Firmenphilosophie tatsächlich auf den Kundennutzen gerichtet ist, kommen Sie an Tempo nicht vorbei. Und das gilt nicht nur für Notärzte und Feuerwehrleute. Wenn Sie in Ihrem Unternehmen wirklich etwas anstoßen wollen, steigern Sie Ihr Tempo! Lichtgeschwindigkeit in Ihrem Unternehmen wird auch Ihre Resultate um Lichtjahre nach vorne katapultieren. Sie alleine haben die Macht zu entscheiden, wie die Zukunft für Ihr Unternehmen aussehen soll. Die neue Businesswelt hat ein neues Motto: Wer bremst, verliert.

### Zeit ist Geld

**Wer bremst, verliert**

Nehmen Sie das Beispiel eines Pizza-Lieferservice, der seinen Kunden verspricht: Bei Wartezeiten von mehr als 30 Minuten ist die Lieferung kostenfrei. Auch hier wird das Prinzip „Zeit ist Geld" im Sinne des Kunden angewandt.

Ein Anzeichen dafür, dass langsam (!), aber sicher immer mehr Unternehmer umdenken und erkennen, dass Zeit auch für ihre Kunden Geld bedeutet, ist eine Durchsage, wie ich sie neulich in einem Baumarkt erlebt habe. Sinngemäß hieß es dort: *„Zeit ist Geld. Und bei uns zahlt sich das für Sie aus. Sollten Sie an einer unserer Kassen länger als zehn Minuten warten, erhalten Sie von uns zwei Euro auf Ihren Einkauf gutgeschrieben."* Diese Aktion stellt ein gelungenes Signal im Zeichen der Zeit dar.

» Zeit ist subjektiv. Geschwindigkeit ebenfalls. „Heute bestellt, morgen geliefert" ist für einen Telekommunikationsanbieter ein klarer Wettbewerbsvorteil, für einen Pizzaservice hingegen das sichere Todesurteil

### Schneller zu Innovationen

In kaum einem Bereich ist Geschwindigkeit für Großkonzerne von entscheidenderer Bedeutung als bei der Produktentwicklung. Ein Produkt vor dem Wettbewerb auf den Markt zu bringen kann für ein Unternehmen existenziell sein. Bei IBM sagt Forschungschef Paul Horn: *„Gewinn bedeutet heute, eine Idee aufzugreifen und sie als Erster in einen gewinnträchtigen Vorteil umzusetzen."*

Heute ist das Produkt, das die Konkurrenz um Längen hinter sich lässt, selten das beste und niemals perfekt. Dies war lange Jahre einer der Erfolgsfaktoren von Microsoft. Die erste Version nahezu jedes Microsoft-Produkts wurde auf dem Markt eingeführt, lange bevor sie ausgereift war. Und dies passierte nicht etwa versehentlich, sondern ganz bewusst: Microsoft nutzte die ersten Versionen dazu, die Kunden die Fehler der Software, sogenannte „Bugs", herausfinden zu lassen, deren Suche Microsoft zu viel Zeit gekostet hätte. Wurde das Unternehmen durch die Anwender auf derartige Bugs aufmerksam gemacht, behob man sie umgehend. Hätte man im Vorfeld alle Fehler vermeiden wollen, wären viele Produkte wohl nie auf den Markt gekommen.

Machen Sie sich dieses Prinzip der Softwareindustrie für Ihr Unternehmen zunutze. Je länger wir nach Perfektion streben, je weniger werden wir sie erreichen. Im Gegenteil: Dieser Anspruch wird dazu führen, dass wir den Wettbewerbsvorteil, den uns Tempo bietet, wieder verlieren. Ein schneller Start kann Ihnen den Marktvorteil verschaffen, den es braucht, um sich gegen besser aufgestellte Konkurrenz durchzusetzen. Beginnen Sie, bereits Produkte zu vertreiben, die noch in der Entwicklung begriffen sind. Das fordert Sie heraus, auch wirklich zu liefern, wenn Kunden sich schon dafür entscheiden, bevor etwas existiert, und liefert Ihnen gleichzeitig eine wertvolle Rückmeldung über den Bedarf der Zielgruppe, bevor Sie zu viel Zeit und Geld investiert haben. **Beginnen Sie jetzt!**

### Geschwindigkeit als Strategie

Gary Hamel, Autor des Buches „Competing for the future", hat ermittelt, dass Führungskräfte durchschnittlich nur 2,4 Prozent ihrer Zeit darauf verwenden, über die Zukunft nachzudenken. Das sind weniger als 15 Minuten pro Tag. Das ist nicht die Art Vordenken, die Ihnen einen Vorsprung verschafft.

**Praxis-Transfer**

Machen Sie Innovation zur Selbstverständlichkeit. In einem ersten Schritt sollten Sie fördern, dass Entwürfe und Ideen von jedermann zunächst „quick and dirty" erstellt und weitergegeben werden dürfen. Diese acht Fragen verhelfen Ihnen zu raschen Innovationen:

1. In welchen Bereichen stecken wir gerade in der Entwicklung einer neuen Produkt- beziehungsweise Dienstleistungsidee?
2. Was ist das realistisch geplante Launchdatum?
3. Welche Konsequenzen hätte es, wenn ein Wettbewerber uns mit einer vergleichbaren Entwicklung zuvorkäme?
4. Welche Vorteile brächte es mit sich, wenn wir als Erster auf den Markt kämen?
5. Auf welche Details und Features könnte eine „80 %-Version" verzichten, wenn wir die Zeit bis zum Markteintritt halbieren?
6. Worauf müssten wir uns hierbei insbesondere konzentrieren?
7. Welche Ressourcen können wir zusätzlich bereitstellen, um dieses Ziel zu realisieren?
8. Wie stellen wir die Weiterentwicklung nach dem Launch sicher?

## Grundsätze für schnelle Produktinnovation

Ein zeitlicher Vorsprung stellt immer einen Vorteil dar. Stellen Sie sich vor, Sie wüssten lange vor Ihrem Wettbewerb, welche zukünftigen Entwicklungen Ihre Branche erwartet. Stellen Sie sich vor, Sie könnten Ihre Aufgaben in Windeseile erledigen, während die Konkurrenz sich daran die Zähne ausbeißt. Verschaffen Sie sich einen Vorsprung, wie es Wayne Gretzky tat. Ahnen Sie, wohin der Puck läuft. Dabei geht es nur um einige wenige Sekunden, die er vorausschauender agierte als seine Mitstreiter. Allein dadurch wurde er zum besten Eishockeyspieler der Welt.

Gehen Sie jeden Sprint so an, als sei er ein Marathon. Einmal schnell zu sein kann Zufall bedeuten. Aber das ist nichts wert. Es geht darum, Geschwindigkeit dauerhaft in Ihrem Unternehmen zu implementieren. Es zu einer Selbstverständlichkeit werden zu lassen, ja sogar zu einem Markenzeichen zu machen. Sie sehen: Jetzt sind Sie gezwungen, tief in die Unternehmenskultur einzugreifen. Aber diese Herangehensweise ist alternativlos.

Nehmen Sie die Sportartikelindustrie: Das fränkische Unternehmen Adidas, hierzulande Markführer in Sachen Sportkleidung und Schuhe, befindet sich international im Wettbewerb mit Nike. Die Amerikaner sind den Deutschen meilenweit voraus. Einer ihrer Trümpfe: die Produktzyklen. Doch die Deutschen holen auf: So hat das Unternehmen aus Herzogenaurach die Zeit von der Schuhidee zum Produkt von 18 Monaten auf lediglich zwei Monate reduziert. Ein weiterer Wettbewerber auf dem internationalen Markt kommt dabei sogar aus der eigenen Familie. Und geht noch einen Schritt weiter:

Puma liefert ein gutes Beispiel dafür, dass Geschwindigkeit nicht nur im operativen Geschäft zu finden ist. Das Traditionsunternehmen aus Herzogenaurach, das eng mit Namen wie Boris Becker, Diego Maradona und Usain Bolt verbunden ist, litt seit 2012 unter stagnierenden Umsätzen und sinkenden Gewinnen. Als einen der Gründe identifizierte man, dass sich die weltbekannte Sportmarke zu sehr von ihren Wurzeln entfernt hatte. Sport-Lifestyle hatte sich Puma auf die Fahnen geschrieben – statt sich auf die Kernkompetenz, professionelles Sportequipment herzustellen, zu konzentrieren.

**Best Practice: Sportartikel**

Als Björn Gulden 2013 CEO von Puma wurde, leitete der ehemalige Fußballprofi vom 1. FC Nürnberg eine radikale Strategiewende ein. Puma positionierte sich als „die schnellste Sportmarke der Welt". Auch wenn Geschwindigkeit und Sport nahe beieinanderliegen, steckt viel mehr hinter der neuen Strategie als ein reiner Claim. Björn Gulden sagte über die „Forever faster"-Kampagne, die 2014 startete:

**„Die schnellste Sportmarke der Welt"**

„Zunächst einmal: ‚Forever Faster' und unser Ziel, die schnellste Sportmarke der Welt zu sein, sind viel mehr als eine Kampagne. ‚Forever Faster' steht für alles, was wir sein wollen, und gibt unsere Richtung vor. Das Thema Schnelligkeit hat in der über 65-jährigen Unternehmensgeschichte von Puma schon immer eine bedeutende Rolle gespielt. Ich denke da beispielsweise an unsere Logos, die vielen Bestleistungen unserer Athleten in verschiedenen Sportarten und zahlreiche Produktinnovationen. Puma war das erste Unternehmen überhaupt, das Sport und Mode verbunden hat und mit Produktklassikern wie den Schuhmodellen Speed Cat, Future Cat und Mostro eine neue Ära geprägt hat. Was genau verbirgt sich hinter dem Aspekt Geschwindigkeit für das Unternehmen Puma? ‚Forever Faster' ist für mich eine Frage der Einstellung: Wir wollen schnelle Entscheidungen treffen, schnell auf neue Trends reagieren und schneller Innovationen auf den Markt bringen. Wir wissen alle, dass wir noch nicht da sind, wo wir hinwollen. Aber es ist wichtig, ‚Forever Faster' als die DNA unserer Unternehmenskultur zu begreifen."

**Es geht also um die Einstellung – die DNA des Unternehmens. Und diese spiegelt sich auch in den Zielsetzungen wider:**

- Schnelle Produkte
- Schnelle Athleten
- Schnelle Reaktion auf neue Trends
- Schnelle Innovationen
- Schnelle Entscheidungen
- Schnelle Lösungen für die Partner

**Ressourcen vor Ort bündeln**

Arne Freund, Global Director Strategy, erzählt, welche konkreten Maßnahmen Puma schneller machten:

„2014 haben wir unser Entwicklungszentrum in Vietnam geschlossen. Unsere Entwickler arbeiten seitdem wieder direkt mit unseren Zulieferern in den Fabriken vor Ort zusammen, um den Entwicklungsprozess unserer Produkte zu beschleunigen und die Expertise unserer Zulieferer zu nutzen.

Außerdem haben wir unseren Lifestyle-Geschäftsbereich von London nach Herzogenaurach verlegt: Damit sind die Designer und Produktmanager unserer Lifestyle-Kollektionen wieder vollständig in den Produktentwicklungsprozess in unserer Unternehmenszentrale eingebunden, um schnellere Entscheidungen treffen zu können."

Lars Sorensen, Chief Operating Officer, fasst „Forever Faster" so zusammen: „Für mich bedeutet ‚Forever Faster' einfache Prozesse und weniger Organisationsebenen. Durch die Vereinfachung unserer Abläufe können wir noch schneller und effizienter werden." **Geschwindigkeit durch Vereinfachung**

Das findet sich auch in den Leitprinzipien von Puma wieder: Schnelligkeit durch Vereinfachung. Geschwindigkeit ist also nicht nur ein wichtiger operativer Aspekt. Wenn der Begriff weiter gefasst – und vor allem weiter gedacht – wird, lassen sich erhebliche Entwicklungspotenziale aufdecken und komplexe Strategien ableiten.

Tun Sie das, was funktioniert, so schnell wie möglich und verlieren Sie keine Zeit damit, sich Gedanken darüber zu machen, ob Ihre Unternehmensführung den gängigen Managementlehrbüchern entspricht, da deren Modelle inzwischen häufig überholt sind, bevor sie in den Regalen stehen.

## Geschwindigkeit ist Sache der Unternehmenskultur

Die neue Businesswelt funktioniert anders als die, in der wir noch vor wenigen Jahren gearbeitet und gelebt haben. In Ihrem Unternehmen sollten Sie eine Kultur als vorherrschendes Organisationsprinzip etablieren, in der Dinge schnell erledigt werden. Erkennen Sie die Bedürfnisse des Kunden als Erster. Und zwar im besten Fall bereits, bevor sie entstehen. Diese Form der Kundenorientierung zahlt sich in nahezu jedem Bereich aus.

Im Leasinggeschäft spielt Geschwindigkeit eine große Rolle. Im Dreieck zwischen Kunde, Händler und Leasingunternehmen **Best Practice: Leasing** gilt es dafür zu sorgen, dass fehlende Geschwindigkeit nicht zum limitierenden Faktor für den Verkauf wird. Das kann vor allem dann sehr schnell passieren, wenn der Kunde kaufen will, aber nicht kann, weil die Leasinggesellschaft keine klare Aussage trifft, ob sie die Finanzierung übernimmt.

**Papierlose Abwicklung**
„*Wir werden an unserer Geschwindigkeit gemessen*", weiß daher der CEO der Grenkeleasing AG, Wolfgang Grenke. Daher durchleuchtet das 1978 gegründete Unternehmen seit knapp 40 Jahren immer wieder intensiv seine internen Prozesse, um sie hinsichtlich Entscheidungsfähigkeit und -geschwindigkeit zu optimieren. So baute Grenke als erstes Unternehmen am Markt eine standardisierte und kosteneffiziente Leasinglogistik auf. Ein erheblicher Aufwand, der sich gelohnt hat, denn heute kann das Unternehmen schneller reagieren als jeder andere Dienstleister in seiner Branche. Im August 2015 gelang es dem Unternehmen sogar, erstmals einen Leasingvertrag vollständig papierlos abzuwickeln. In dem Moment, in dem von einem Fachhändler die Endkundenanfrage für ein Leasinggeschäft eintrifft, dauert es maximal 20 Minuten, bis Grenkeleasing antwortet – häufig sogar noch deutlich weniger. Der Fachhändler gibt die Kundendaten in ein Online-Tool ein und teilt mit, um welches Gerät es sich handelt und wie hoch der Anschaffungswert ist. Danach bestimmt ein Kalkulator die Leasingrate, und Grenkeleasing hat alle relevanten Informationen vorliegen, um zügig zu reagieren. So erhält der Endkunde die Zusage für ein Leasinggeschäft beispielsweise bereits unmittelbar, nachdem die Präsentation der Geräte im Showroom des Händlers beendet ist.

**Schnell vor Ort sein**
Doch wie schafft es das in Baden-Baden ansässige Unternehmen, nach der schnellen Bearbeitung der Anfrage den hohen Anspruch an das eigene Tempo auch in der Folge zu halten? Alle Verträge werden noch am selben Tag unterzeichnet, die Geräte kann der Kunde ebenfalls am selben Tag entgegennehmen. Mit der Kombination aus unkomplizierter Antragstellung über ein Online-Portal und schneller, persönlicher Bearbeitung un-

terscheidet sich der Konzern von Wettbewerbern, die zum Teil komplett auf eine automatische Beantwortung setzen. Wenn Fragen bei Leasinggeschäften auftauchen, die sich nicht per Mausklick und E-Mail erledigen lassen, erhält der Kunde am Telefon sofort eine kompetente Auskunft durch einen persönlichen Ansprechpartner. Zur Schnelligkeit gehört es für das Unternehmen ebenfalls, rasch beim Fachhändler und Endkunden vor Ort zu sein und Details im persönlichen Gespräch zu klären. Deshalb unterhält Grenkeleasing alleine in Deutschland 25 Standorte und erreicht so in höchstens einer Stunde den jeweils am weitesten entfernten Händler.

Und der Anspruch ist auch bei allen nachfolgenden Prozessen unverändert hoch: Sobald der Leasingvertrag vom Endkunden unterschrieben ist und die Unterlagen vorliegen, dauert es maximal 24 Stunden, bis die Ware per Blitzüberweisung bezahlt wird.

Diese Ergebnisse wurden erreicht, weil Vorstandsvorsitzender Wolfgang Grenke besonderen Wert darauf legt, im gesamten Unternehmen Medienbrüche weitestgehend zu vermeiden. Denn ab einer bestimmten Datenmenge verliert ein analoges Datensystem die Übersicht. Damit gelingt es, Kunden, die sich im Bereich des Leasings auf eine branchenübliche längere Wartezeit eingestellt haben, durch einen positiven Überraschungseffekt zu begeistern.

**Medienbrüche vermeiden**

Dies gelingt auch durch eine Verankerung der erforderlichen Prozessschritte im Qualitätsmanagement. Die Verpflichtung zur Geschwindigkeit ist bereits in der Grundphilosophie enthalten. Entweder bringt sie einen unmittelbaren Kundennutzen oder einen Wettbewerbsvorteil mit sich. Bei der Optimierung der Prozesse konzentriert sich das erfolgreiche Unternehmen ausschließlich auf Faktoren, die vom Kunden als Zeitfresser wahrgenommen werden. Immer dann, wenn die Zeit des Kunden und damit sein Geld verschwendet wird, wird eingegriffen. Jede Verfahrensanweisung, jeder Ablauf wird so lange überprüft, bis er sich nicht weiter rationalisieren lässt.

**Prozesse standardisieren**

11. Auf der Überholspur zum Erfolg

**Flache Hierarchien** Ohnehin ist das Unternehmen sehr effektiv: So teilen sich der gesamte Aufsichtsrat sowie der Vorstand lediglich zwei Sekretärinnen. Die Erkenntnis „*Je schlanker wir organisiert sind, desto schneller können wir agieren*" wirkt sich auf das Organigramm aus: Das Unternehmen hat äußerst flache Hierarchien mit maximal vier Ebenen: Vorstand, Direktoren, Teamleiter, Mitarbeiter. Darüber hinaus wird versucht, die Schnelligkeit auf die Kommunikationswege zu übertragen. Denn Geschwindigkeit heißt weniger Friktion. Das bedeutet: Wer nichts zu sagen hat, hat in einem Meeting auch nichts verloren.

## Geschäftskonzept Geschwindigkeit

Manchmal basiert sogar das gesamte Geschäftskonzept selbst auf dem Faktor Geschwindigkeit. Wenn wir gegenwärtig die Entstehung neuer Geschäftsideen am Markt beobachten, finden wir häufig genug Firmen, die auf Tempo als eigentlichem Zweck beruhen. Nicht nur der Pizzaservice. Nahezu im Minutentakt werden neue Wirtschaftsbereiche kreiert, die das Rennen weiter beschleunigen. Immer mehr Unternehmen haben sich der Zeitersparnis im Sinne ihrer Kunden verschrieben.

Es ist es natürlich leichter, ein neues Unternehmen nach den in diesem Buch beschriebenen Kriterien zu gründen, als bestehende Strukturen übernehmen und verändern zu müssen. So hat es eine heute gegründete Direktbank wesentlich einfacher als eine klassische Berater-Bank, die zudem genötigt ist, ihre Dienstleistungen vor Ort zu erbringen, statt das Internet zu nutzen.

**Kernkompetenz Geschwindigkeit** Folgende Unternehmen haben nicht nur ihren ganzen Marktauftritt nahezu ausschließlich auf die Zeitersparnis abgestimmt, sondern leiten aus diesem veränderten Bedürfnis sogar ihre gesamte Daseinsberechtigung ab. Und stellen sich vortrefflich auf diese Gegebenheiten ein:

- Modomoto, Outfittery (Mode-Versandhandel)
- hello fresh, my muesli (Lebensmittel-Versandhandel)
- Amazon Prime (Online-Buchhandel)
- Dragon Naturally Speaking (Spracherkennungssoftware)
- Früher Feierabend, global office (Bürodienstleistungen)

**Best Practice: Ärzte**

In der Nähe von Baden-Baden hatten sich bereits vor mehr als zehn Jahren vierzehn Fachärzte von A wie Augenarzt bis Z wie Zahnmediziner zu einem interdisziplinären Praxisverbund, dem Institut für Samstags-Check, zusammengeschlossen. Die Besonderheit? Der Slogan: „Bei uns wartet nicht der Patient auf den Arzt, sondern der Arzt auf den Patienten!" Gab es eine Zielgruppe für dieses Angebot? Darauf können Sie wetten. Noch vor einigen Jahren haben gerade einmal 18 Prozent aller Männer eine Vorsorgeuntersuchung machen lassen. Woran könnte das liegen? Desinteresse an der eigenen Gesundheit? Oder mangelnde Zeit?

Schon auf der Website wurde dieser Engpass – insbesondere für die bei Ärzten besonders beliebte Zielgruppe der Selbstständigen – dankbar aufgenommen: „Sie arbeiten mit hohem Einsatz? Sie haben unter der Woche keine Zeit für den Arztbesuch? Wir untersuchen Sie, wenn Sie Zeit haben – am Samstag!" hieß es dort. Und dann wurde dem potenziellen Patienten eine Art Gesundheits-TÜV offeriert, bei dem er von Kopf bis Fuß auf Herz und Nieren untersucht wurde. Das Ganze war also nicht nur umfassend und sparte zahlreiche Einzelbesuche, Terminvereinbarungen und Wartezeiten, sondern nebenbei auch noch höchst komfortabel: Nach der gründlichen Eingangsuntersuchung samt Blutabnahme und Ultraschall gab es sowohl eine Pause für das Frühstücksbuffet als auch einen warmen Lunch. Und am Ende folgte dann die ausführliche Besprechung samt der Auswertungen aus dem Labor.

**Best Practice: Autopflege**

„You fly, we clean" ist ein am Stuttgarter Flughafen ansässiges Unternehmen, das die knappe Zeit seiner Kunden vortrefflich mit dem Umstand gepaart hat, dass das Parken an deutschen Flughäfen ein oft kostspieliges Unterfangen darstellt. Zugegeben: Neben dem Rasieren oder dem Rasenmähen steht auch das Autowaschen auf meiner ganz persönlichen Not-to-do-Liste. „Was für eine Verschwendung von Zeit", denke ich regelmäßig, wenn ich samstags die nicht enden wollenden Schlangen vor Autowaschanlagen betrachte. Der pflichtbewusste Deutsche hat jedoch ein sehr inniges Verhältnis zu seinem Fahrzeug und dementsprechend auch zu dessen Sauberkeit. Alleine die Tatsache, dass wir Stunden unserer wertvollen Zeit darauf verwenden, einen Haufen Blech auf Hochglanz zu bringen, was innerhalb kürzester Zeit von einem fliegenden Vogel sabotiert wird, will mir irgendwie nicht einleuchten. Damit weiche ich vielleicht ein wenig vom idealen Kunden des schwäbischen Unternehmens ab. Trotzdem nimmt „You fly, we clean" mein Fahrzeug in Empfang und ich bin innerhalb von drei Minuten am Abflug-Terminal. Parkplatzsuche und langes Gepäckschleppen? Fehlanzeige. Wenn ich dazu die neben der Autopflege anfallenden Kosten von nur 18 Euro pro Tag mit den mehr als doppelt so teuren Parkgebühren des Flughafens Stuttgart vergleiche, ist der Anbieter längst meine erste Wahl.

Zu dessen allumfassendem Pflegeprogramm gehört u. a.: Felgenreinigung von Hand, Bürsten und Waschen der Sitzpolster, Hochglanz- oder Intensivpolitur mit Lackversiegelung, Cockpitreinigung und -pflege, Scheibenreinigung, Einstiegs- und Sitzschalenreinigung sowie Außenreinigung des Fahrzeugs. Mit Öffnungszeiten von 5:30 bis 22:00 Uhr und der Möglichkeit, sein Fahrzeug rund um die Uhr abzuholen, wird Kundenservice groß geschrieben. Herz, was willst du mehr? Fazit: Mein Auto hat – abgesehen von der Abholung beim Kauf – noch nie so gut ausgesehen.

**Best Practice: Fahrschule**

Der Geraer Fahrlehrer Mike Fischer begann bereits vor 20 Jahren damit, gegen den Strom zu schwimmen und auf das Thema Tempo zu setzen. Mit Erfolg. Mit Gründung seiner „Fischer Academy" konnte seine Fahrschule selbst in kritischen, geburtenschwachen Jahrgängen um ein Drittel an Umsatz zulegen. Mit dem innovativen Konzept der „Kompaktfahrschule", in der der Motorradführerschein in nur fünf, der Autoführerschein in sieben und der Lkw-Führerschein bereits in zehn Tagen absolviert werden kann, hat das Unternehmen in ganz Deutschland Maßstäbe gesetzt: als erste Intensivfahrschule mit hauseigenem Fahrschulinternat, die neben Fahrstunden, Theorieunterricht und Prüfung auch Übernachtungsmöglichkeit und Verpflegung anbietet.

Damit wurde der Unternehmer unter anderem für den Großen Preis des Mittelstandes und den European Business Award nominiert und gehört zu den Top-Arbeitgebern Deutschlands. Mittlerweile beschäftigt die Fischer Academy GmbH 22 Mitarbeiter, die sich von der dynamischen Führung ihres Chefs anstecken lassen. Mike Fischer sorgt dafür, dass jeder von ihnen seine persönlichen Fähigkeiten entfalten kann.

**Spielplätze statt Arbeitsplätze**

Mitarbeitergespräche finden deshalb nicht immer nach Fahrplan statt, sondern dann, wenn es nötig ist. *"Manchmal treffe ich mich mehrmals in der Woche mit einem Mitarbeiter, wenn es die Situation verlangt und ich herausfinden will, wofür sein Herz brennt"*, erklärt Fischer. Entsprechend schafft er keine Arbeitsplätze, sondern "Spielplätze", auf denen die Mitarbeiter ihre Ideen verwirklichen können. *"Und wenn der Spielplatz nach einer Weile langweilig wird, schließen wir ihn auch mal wieder und eröffnen einen neuen."* Mit dieser Philosophie und seiner Leidenschaft als Unternehmer hat Fischer seine Firma auf Erfolgskurs gebracht.

### Take-aways

- Fördern Sie schnelle Innovationen.
- Verzichten Sie zugunsten der Geschwindigkeit auf Perfektion – schnell und gut schlägt langsam und perfekt.
- Verankern Sie die Verpflichtung zur Geschwindigkeit in Ihrem Unternehmensleitbild.

## 12. Per Autopilot zum Start-Ziel-Sieg

Wie Sie unfehlbare Systematik schneller und besser macht

*"Wer aufhört, besser zu werden, hat aufgehört, gut zu sein."*
EDUARD MÖRIKE (DEUTSCHER LYRIKER, 1804 – 1875)

### Worum geht´s?

- Wie Sie Ihr Unternehmen per Autopilot steuern
- Warum Systematik Ihr Schlüssel zu maximalem Erfolg ist
- So machen Sie Ihre Firma unabhängig

Die Luft wird aufgewirbelt. Der Lärm ist ohrenbetäubend. Die Männer haben Mühe, sich zu verständigen. Mit dem Kopf nach unten, leicht verzerrtem Gesicht und einer Hand über dem Anzug, damit ihnen die Krawatte nicht ins Gesicht schlägt, begeben sie sich in 67 Metern Höhe auf dem Dach des 15-stöckigen Hochhauses mit schnellen Schritten aus der Gefahrenzone. Langsam, fast in Zeitlupe, senkt sich der zwei Tonnen schwere Koloss, der zuvor an diesem kalten Februarmorgen lange in der Luft zu stehen schien. Der Hubschrauber ist gelandet. Während die Rotorblätter ihr Tempo verringern und auch die Lautstärke zu sinken beginnt, haben die beiden Assistenten der Geschäftsleitung, die eben noch das Weite gesucht haben, kehrtgemacht, um den Insassen die Tür zu öffnen. Es ist hoher Besuch, der aus München eingeflogen kommt. Hubert F. Burda, Inhaber des gleichnamigen Verlagshauses, ist auf dem Dach seiner Hauptverwaltung in Offenburg gelandet.

Der firmeneigene Helikopter bringt mit seinen 1400 Pferdestärken die 270 Kilometer Luftlinie zwischen den Unternehmensstandorten Offenburg und München in strammen 60 Minuten hinter sich. Üblicherweise würden die hochrangigen Konzernmitarbeiter des Verlags zusätzlich Zeit in stundenlangen Staus auf der A8 oder auf den Anschlusszug wartend am Bahngleis verschwenden. Schon nach kurzer Zeit wird er wieder in Offenburg abheben, um zurück nach München zu fliegen und diesmal die drei wartenden Männer sowie eine Chefsekretärin an Bord zu haben. Für das bevorstehende Geschäftsmeeting ist ein halber Tag angesetzt. Zeit genug also, um einen weiteren Flug zu starten, bevor die Delegation nach dem Mittagessen wieder zurückfliegen wird.

Eine Ausgabe der Wirtschaftswoche vom Oktober 2011 machte die Mobilität der Großstädte zum Titelthema. Unter der Überschrift „Wie Tempo die Großstädte erfolgreich macht" wurde München zum Gewinner und Düsseldorf zum Verlierer im Wettlauf um innovative Mobilitätslösungen und den Ausbau der Infrastruktur erklärt. Das nachfolgende Kapitel beschreibt die Infrastruktur, die Sie in Ihrem Unternehmen sicherstellen müssen, um im Wettlauf um Ihre Kunden die Nase vorn zu haben.

**Infrastruktur für Geschwindigkeit schaffen**

Der Hauptunterschied zwischen einem erfolgreichen Konzernlenker und dem Manager eines Kleinunternehmens, das in Schwierigkeiten steckt, lautet: Der erste managt Prozesse, der zweite schlägt sich mit unbefriedigenden Ergebnissen herum.

Fällt Ihre Firma in sich zusammen, wenn Sie mal einen Tag nicht da sind? Warten Hunderte von Projekten, Nachrichten und Aufgaben auf eine Reaktion von Ihnen? Dann ist dies ein klares Anzeichen dafür, dass Sie Ihre Systeme nicht beherrschen, sondern von ihnen beherrscht werden. Sie sind ein Sklave Ihres Unternehmens.

**Sind Sie ein Sklave Ihres Unternehmens?**

Lange war ich der Ansicht, dies sei eher eine Frage der Persönlichkeitsstruktur als eine erlernbare Gewohnheit. Heute weiß ich: Training schlägt Talent um Längen. Alles, was nach Höchstgeschwindigkeit aussieht, ist in Wahrheit das Ergebnis eines zuvor definierten Prozesses, der aller Wahrscheinlichkeit nach mehrfach optimiert und intensiv erprobt wurde.

Wenn Ihnen erst einmal bewusst wird, dass im Grunde Ihr gesamtes Leben durch Prozesse bestimmt wird, wird Sie die Vorstellung begeistern, dass Sie in der Lage sind, diese Systeme zu kontrollieren und zu perfektionieren und damit zahlreiche komplexe Herausforderungen zu meistern. Diese Erkenntnis kann Ihr gesamtes Leben revolutionieren. Garantiert wird es jedoch Ihre Geschwindigkeit drastisch steigern und Ihre Arbeitszeit gleichzeitig erheblich senken. Sie werden die Zeit für die Dinge finden, die Ihnen wirklich wichtig sind, während Ihr Geschäft ganz hervorragend läuft. Wie klingt das für Sie?

### Schnelligkeit folgt gründlichem Vordenken

Die Paradoxie der Schnelligkeit: Um Dinge rasch erledigen zu können, müssen wir zunächst gründlich und langsam nachdenken. Natürlich kann ein schnelleres Endergebnis bei der Gestaltung der Prozesse zunächst einmal mehr Zeit in Anspruch nehmen.

*Beispiel Reisekostenabrechnung*

Nehmen Sie ein typisches Beispiel aus dem unternehmerischen Alltag, wie es mir eine Vorstandssekretärin während eines Seminars schilderte: Sie war viele Jahre für die Reisekostenabrechnung verantwortlich, für die ihr die Vorzimmerdamen der neun Abteilungsleiter monatlich die erforderlichen Unterlagen zur Verfügung stellten. Nachdem man erkannte, dass ihre Zeit zu kostbar war, um sich damit Monat für Monat mehrere Stunden auseinanderzusetzen, wurde die Erstellung der Reisekostenabrechnungen auf die jeweilige Abteilungssekretärin verlagert, die lediglich bis zu einem festen Termin die Abrechnung abzugeben hatte. In sieben Fällen klappte das reibungslos. Zwei Damen jedoch schienen mit dieser Tätigkeit auf Kriegsfuß zu stehen:

Ihre Abrechnungen kamen zu spät, unvollständig und fehlerhaft. Nachdem entsprechende Hinweise nichts an diesem Umstand geändert hatten, ging besagte Vorstandsassistentin dazu über, die betreffenden Abrechnungen selbst zu korrigieren und anzufertigen. Ich fragte sie, was sie – ganz abgesehen von der Botschaft, die sie damit signalisierte – diese Nachbearbeitung zeitlich kosten würde. Aufgrund ihrer jahrelangen Routine gab sie den Zusatzaufwand mit maximal 30 Minuten an. Was hätte sie stattdessen tun können? Beispielsweise zunächst einmal den mangelhaften Stand der Damen überprüfen und diese auffordern, die Schritte schriftlich festzuhalten, die sie unternahmen, um ihre Reisekostenabrechnung zu erstellen. Im nächsten Schritt hätte sie die offensichtlichen Fehler erkannt und entsprechend korrigiert und mit den beiden durchgesprochen. Daraufhin wäre dieses Ergebnis in eine Checkliste eingeflossen, die jede Mitarbeiterin bei Bedarf zurate hätte ziehen können.

Diese Befähigung der Mitarbeiterinnen durch konkrete Schulung sowie das Aufsetzen der entsprechenden Arbeitshilfen und Checklisten hätte sie sicherlich mit allem Nachdenken nahezu drei Stunden gekostet. Naheliegend, dass sie den 30-Minuten-Aufwand hier als die geringere Investition sah. Kurzfristig betrachtet. Denn bereits nach sechs Monaten hätte sich dieser Aufwand gerechnet und wäre damit in der Folge mehr als gerechtfertigt.

**Langfristig rechnen**

........................................................................................

**Sie werden von klar strukturierten Arbeitsanweisungen auf verschiedenen Wegen profitieren:**

- Bei der Beschleunigung von Prozessen
- Bei der Einarbeitung neuer Mitarbeiter
- Beim Treffen von Entscheidungen
- Bei der Attraktivität Ihres Unternehmens
- Bei mehr Unabhängigkeit von Ihrer Person und für Sie

........................................................................................

**Best Practice: Einarbeitung**

Ich habe neun Jahre lang mit einer festen Sekretärin gearbeitet, bevor diese das Unternehmen verlassen hat. Das war im ersten Moment ein gewaltiger Schock. In einem kleinen Unternehmen kommt jedem Mitarbeiter eine tragende Rolle zu. Daher habe ich mir viel Zeit genommen, um eine geeignete Nachfolgerin zu finden. Als diese endlich gefunden war, habe ich sie über ein halbes Jahr hinweg persönlich eingearbeitet. Nachdem wir im Anschluss sehr produktiv miteinander gearbeitet haben, eröffnete sie mir ein knappes Vierteljahr später, dass sie schwanger sei. Dieses Mal war ich vorbereitet. Die Übergabe erfolgte rasch, ihre Vertretung war bereits in einem Drittel der vorher benötigten Zeit perfekt integriert.

### Schaffen Sie Systeme für Höchstgeschwindigkeit

Vorgefertigte Modelle machen Sie um ein Vielfaches schneller, ohne dass Ihr Kunde auf Individualität verzichten muss. Wir arbeiten in meiner Firma gegenwärtig mit mehr als 150 Checklisten. Einige davon enthalten nur ein paar Zeilen, andere sind mehrere Seiten lang.

**Praxis-Transfer**

**Nutzen Sie Vorlagen**

Greifen Sie für die Erledigung wiederkehrender Aufgaben auf Vorlagen zurück. Speichern Sie zum Beispiel Musterbriefe ab, erstellen Sie Checklisten, nutzen Sie Textbausteine und entwerfen Sie Dokumentenvorlagen, die Sie immer wieder anpassen können.

Wenn es keine fest definierten Prozesse gibt, ist Geschwindigkeit von einzelnen Mitarbeitern, deren Tagesform oder anderen Zufällen abhängig. Dies ist kein duplizierbares System, das sich zu Ihrem Vorteil nutzen lässt. Viele Unternehmen können ein- oder zweimal schnell sein, aber ihnen fehlt Beständigkeit.

Doch sobald Sie in Ihrem Unternehmen einen Vorgang institutionalisiert haben, wird er von der Ausnahme zur Gewohnheit. Stellen Sie sich vor, jeder Mitarbeiter bei McDonald's würde mit seinen Kunden so sprechen, wie er gerade Lust hätte. Die Automatisierung eines Prozesses kann so etwas Einfaches wie die Vorgabe sein, jeden Käufer zu fragen: „*Möchten Sie Pommes frites dazu?*" Wenn ein Vorgang institutionalisiert ist, stellt ein Unternehmen klar, dass es diesen Weg für den bestmöglichen hält. Man muss nicht ständig das Rad neu erfinden. Schnelle Unternehmen arbeiten so viel wie möglich mit automatisierten Prozessen.

**Man muss das Rad nicht ständig neu erfinden**

---

Egal, wie groß Ihr Unternehmen ist: Um Geschwindigkeit dauerhaft und auf gleichbleibend hohem Niveau zu etablieren, müssen Sie Automatismen erschaffen und einen Großteil Ihrer Arbeit systematisieren.

---

Identifizieren Sie Ihre zentralen Bereiche und stimmen Sie die darin enthaltenen Prozesse ab, damit diese so reibungslos wie möglich funktionieren. Das ist alles. Der Erfolg dieser Methode beruht darauf, dass Sie Ihre Aufmerksamkeit den wiederkehrenden Systemen Ihres Geschäftes widmen und diese so anpassen, dass sie für Sie und nicht gegen Sie arbeiten. Dies wird Ihren Erfolg aus einem ganz einfachen Grund radikal vervielfachen: Es verleiht Ihnen ein Maximum an Kontrolle. Identifizieren Sie Ihre Systeme. Decken Sie deren Teilbereiche auf. Und gestalten Sie jeden Prozess so effektiv wie möglich.

Detaillierte schriftliche Anweisungen, wie jedwede Tätigkeit zu erfolgen hat, ermöglichen es jedem neuen Mitarbeiter sofort, präzise zu wissen, was in jeder Situation zu tun ist, schnell und effektiv. Darüber hinaus helfen schriftliche Arbeitsanweisungen, Ihr Unternehmen zu professionalisieren und von Ihnen unabhängig zu machen. Diese gravierende Umstellung bringt gewaltige Vorteile mit sich, die Ihnen auch auf persönlicher Ebene

**Automatisierung führt zu persönlicher Freiheit**

von Nutzen sein werden: Ihr Unternehmen gewinnt an Unabhängigkeit und Sie gewinnen an persönlicher Freiheit!

**Praxis-Transfer**

**Der nachfolgende methodische Ansatz wird Ihnen ein Maximum an Kontrolle über Ihr Geschäft verleihen:**

1. Legen Sie die grundlegenden Werte und Ziele fest.
2. Definieren Sie die generellen Geschäftsbereiche.
3. Bestimmen Sie die einzelnen Prozesse.
4. Definieren Sie die zurückzulegenden Schritte.
5. Erstellen Sie eine entsprechende Dokumentation.
6. Optimieren Sie die Arbeitsschritte kontinuierlich.

Streben Sie dabei nicht nach Perfektion, aber verpflichten Sie sich, diese Prinzipien erfolgreich zu implementieren. Denn dadurch wird Ihren Mitarbeitern Schritt für Schritt jeder Prozess detailliert erläutert.

### Legen Sie die grundlegenden Werte und Ziele fest

*Entscheidungsgrundlagen schaffen*

Beginnen Sie mit einer Auflistung der wichtigsten Ziele und Grundsätze Ihres Unternehmens. Dies wird Ihnen und Ihren Mitarbeitern dabei helfen, sich auf das Wesentliche zu konzentrieren, und eine solide Entscheidungsgrundlage bieten. Beispiele hierfür könnten sein:

- Wir sind keine Feuerwehrleute für bestehende Brände. Stattdessen vermeiden wir Brände, bevor sie entstehen.
- Wir arbeiten lösungs- statt problemorientiert.
- Prioritäten haben Vorfahrt. Wir arbeiten prinzipiell zuerst an Aufgaben mit hoher Wichtigkeit.

## Definieren Sie die generellen Geschäftsbereiche

In Ihrem Business geht es beispielsweise um Systeme in den Bereichen Kundenservice, Qualitätskontrolle, Vertrieb, Personal, Buchhaltung und so weiter. Denken Sie auch darüber nach, welche Tätigkeit Sie ab sofort ein für alle Mal auslagern und abgeben wollen. Und dann setzen Sie sich hin und definieren die Prozesse.

## Bestimmen Sie die einzelnen Prozesse

Dies bedeutet natürlich einen nicht unerheblichen Aufwand an Zeit. Alles, was Sie tun, ist Komponente eines Prozesses. Und um Ihre Systeme zu kontrollieren, müssen Sie Ihre Prozesse dokumentieren.

## Definieren Sie die zurückzulegenden Schritte

Dann geht es daran, gemeinsam mit Ihren Mitarbeitern Checklisten für jeden einzelnen Prozess zu entwickeln, der sich am idealen Ablauf orientiert. Organisieren Sie ein Meeting, das es Ihren Mitarbeitern erlaubt, eine Zeit lang aus der Tretmühle herauszukommen und darüber nachzudenken, wie sie besser arbeiten und mehr zum Erfolg beitragen können. Sprechen Sie mit Ihren Mitarbeitern und stellen Sie die richtigen Fragen. Vielleicht seit Langem überfällige Fragen. Lassen Sie sich konkrete Änderungsvorschläge unterbreiten. Dies ist eine großartige Möglichkeit, den Blick Ihrer Mannschaft wieder neu auszurichten, insbesondere dann, wenn den Vorschlägen auch Veränderungen folgen.

**Checklisten entwickeln**

**Abläufe festlegen, Unsinniges streichen**

Analysieren Sie die Arbeitsabläufe und gestalten Sie diese anschließend neu. Sich einer unsinnigen Arbeit zu entledigen ist höchst lohnend. Um Ihr Unternehmen auf lange Sicht produktiver zu machen, sollten Sie Ihre Belegschaft an diesen Prozessen beteiligen. Erstellen Sie mithilfe derer, die die Arbeit tun, einen Ablaufplan darüber, wie die Arbeit getan wird. Jedwede Routine basiert auf einer einfachen, Schritt auf Schritt folgenden Aneinanderreihung. Diese logischen Abfolgen sind die Einzelteile Ihrer zugrunde liegenden Systeme, die es Ihnen ermöglichen, auch komplexe Strukturen und Zusammenhänge in ihre Bestandteile zu zerlegen.

Listen Sie die generellen Schritte auf, die Sie oder Ihre Mitarbeiter zurücklegen müssen, um diese Ziele zu erreichen. Zerlegen Sie Ihre Arbeitsabläufe bis ins Detail. Versuchen Sie das so realistisch wie möglich zu gestalten, da dies in der Folge die Grundlage darstellt. Beginnen Sie mit Prozessen in den Bereichen, die Ihnen die meisten Schwierigkeiten bereiten. Besprechen Sie diese Liste mit den Mitarbeitern, die jeweils involviert sind.

Wenn Sie effiziente Checklisten erstellen, wird das zwangsläufig effiziente Prozesse nach sich ziehen. Dabei müssen Ihre Arbeitsanweisungen nicht perfekt sein. Das wäre kontraproduktiv. Kein Business ist unveränderlich. Auf der anderen Seite sollten Sie Ihre generellen Arbeitsanweisungen natürlich nahe am Ideal formulieren.

**Generell gilt: einfacher = schneller**

Achten Sie darauf, dass Ihre Geschäftsvorgänge nicht komplizierter gestaltet werden als unbedingt notwendig. Betrachten Sie Ihr Unternehmen aus der Vogelperspektive. Stellen Sie sich Geschäftsvorgänge als eine logische Verkettung aufeinanderfolgender Prozesse vor. Diese gilt es zu identifizieren und zu systematisieren, um nicht nur eine hohe Qualität sicherzustellen, sondern Ihr Unternehmen gleichzeitig unabhängig von Ihrer Person zu machen. Denn wenn Ihr Unternehmen von Ihrer Arbeitskraft abhängt, machen Sie – sofern Sie kein Ein-Personen-Unternehmer sind – etwas falsch.

## Erstellen Sie eine entsprechende Dokumentation

Was Sie darüber hinaus benötigen, ist eine Dokumentation. Ein Manual. Es wird Sie daran erinnern, wie Ihre Prozesse am besten funktionieren, und Ihnen helfen, Entscheidungen zu treffen. Die Dokumentation zu erstellen ist der aufwendigste Teil der Automatisierung, aber unabdingbar. Beginnen Sie damit, Ihre Ziele, Routinen und Führungsprinzipien in einem Handbuch festzuhalten. So wie ein Ingenieur auflisten würde, wie etwas funktioniert und wie es anzuwenden ist. Sie gestalten damit eine grundlegende Bedienungsanleitung und müssen demnach nicht auf alte und überholte Praktiken zurückgreifen. Dokumentieren Sie alles in einem Handbuch, in dem Sie die generellen operativen Prinzipien sowie die konkreten Arbeitsschritte in Form von Checklisten festhalten, anhand derer Ihre Systeme am besten funktionieren.

**Ein Handbuch erstellen**

## Optimieren Sie die Arbeitsschritte kontinuierlich

Stellen Sie sicher, dass Ihre Checklisten immer die aktuell beste Lösung für jedes Problem beinhalten, aber beschränken Sie diese Prozessoptimierung keinesfalls auf Problemfelder. Optimieren Sie die Arbeitsschritte kontinuierlich, um sie auf dem aktuellen Stand zu halten. Entwickeln Sie Ihren ersten Entwurf praxisorientiert anhand eines kontinuierlichen Verbesserungsprozesses weiter. Schildern Sie die enthaltenen Systeme jedes einzelnen Prozesses so, wie Sie ihn sich optimalerweise wünschen.

### Praxis-Transfer

Hinterfragen Sie regelmäßig Ihre Prozesse: Machen wir das noch so?

### So übernehmen Sie die Kontrolle

Nehmen Sie beispielsweise ein größeres Problem, das Sie gerade beschäftigt. Können Sie es in seine Bestandteile zerlegen? Können Sie diese Bestandteile einzeln beeinflussen? Wenn Sie erst einmal festgestellt haben, welche Geschäftsprozesse Ihnen Schwierigkeiten bereiten, sind Sie ohne Weiteres in der Lage, diese unmittelbar zu verbessern. Jeder einzelne Bestandteil kann im Regelfall kurzfristig verändert werden.

Am Ende werden Sie so weit sein, dass Führungskräfte und Mitarbeiter jeden Prozess individuell analysieren, vollständig erfassen, die Gründe für jedes Problem oder jede Ineffizienz identifizieren, Pläne für die Vermeidung dieser Schwierigkeiten erstellen und Prototypen überarbeiteter Arbeitsanweisungen in Form von Checklisten entwickeln. Dann testen Sie diese neuen Checklisten systematisch, um sicherzustellen, dass das Problem damit aus der Welt geschafft wird und das neue System effizient arbeitet. Wenn eine Checkliste diese Kriterien erfüllt, wird sie veröffentlicht und alle Mitarbeiter werden angewiesen, sie strikt zu befolgen. Wenn Sie erst einmal Ihre Systeme sorgfältig analysiert und optimiert haben, wird alles wie geschmiert laufen. Bleiben Sie dran, um sicherzustellen, dass alles auf dem optimalen Level funktioniert.

### Vervielfachen Sie funktionierende Systeme

Duplizierung ist das Maß aller Dinge. Wenn Sie ein Geschäft ordentlich aufgebaut und von Beginn an darauf geachtet haben, dass dies Ihr Prototyp ist, werden Sie in der Lage sein, diesen Geschäftserfolg auf weitere Bereiche oder Filialen zu übertragen. Damit lässt sich Ihr Erfolg vervielfältigen.

**Best Practice: Catering** Das 1999 in Südbaden gegründete Unternehmen „vivanti" kombiniert das klassische Catering mit einem innovativen Franchisekonzept, um seine gastronomische Dienstleitung in Firmen,

Seniorenheimen und Kliniken zu erbringen. Hierzu braucht es in allererster Linie Profis am Herd, deren Fokus zumeist nicht auf den organisatorischen, kaufmännischen und strategischen Bereichen liegt, was durch eine Dienstleistungszentrale kompensiert wird. Durch die Verschlankung des zentralen Verwaltungs- und Controllingbereichs auf das absolute Minimum werden höhere Deckungsbeiträge in den angeschlossenen Betrieben generiert, die wiederum zu einer höheren Qualität führen.

Die in sich widersprüchlichen Anforderungen hoher Steuerungsaufgaben und vielschichtiger Fachkompetenz in Verwaltung, Arbeits- und Lebensmittelrecht, Marketing und Verkaufsförderung, Qualitätsmanagement, Steuerberatung, Betriebswirtschaft und schlanken Kostenstrukturen konnten nur durch eine optimale Prozesssteuerung erreicht werden. Gemeinsam mit den Führungskräften definierte Geschäftsführer Werner Echsle hierzu sämtliche Prozesse, die in der Folge kontinuierlich weiterentwickelt werden. Läuft das Tagesgeschäft in den entsprechenden Prozessen, bedarf es keinerlei Rücksprache. In kleinen Nuancen können die Abläufe an die Anforderungen im Tagesgeschäft eigenständig angepasst werden, was bedeutet, dass nur dauerhaft geplante Prozessabweichungen mit der Geschäftsleitung abgestimmt werden müssen. Das erhöht die Geschwindigkeit der Abläufe um 20 bis 30 Prozent, da die ständige Rücksprache entfällt. Dennoch erfolgt die erforderliche Rücksprache bei Prozessabweichungen in den Kernprozessen mit dem Inhaber, der sich ansonsten jedoch zu 90 Prozent seinen wesentlichen Aufgaben widmen kann. Hier wird eine unglaubliche Dynamik erzielt, da ständige Steuerungsaufgaben nicht bremsen. Dasselbe Prinzip gilt auch in den Fachbereichen, dadurch hat jeder Fachbereichsleiter oder Abteilungsleiter Prozesssicherheit und maximale Geschwindigkeit für seine Kernaufgaben.

**Tagesgeschäft läuft automatisch**

Die Prozesse wurden nach dem VUBI-Prinzip aufgebaut:

V = Verantwortlich

U = Umsetzer

B = Bearbeiter

I = zu informieren

Ein Projektsteuerungsprogramm legt alle Prozesse in der Cloud ab. So wird jeder Prozess für jedermann zugänglich gemacht und die einzelnen Prozessbeteiligten können parallel daran arbeiten, intern und extern, ob mit PC, Tablet oder Handy. Entsprechende Checklisten, abgelegt an dazugehörigen Prozessschritten, unterstützen die Qualitätssicherung und der Bearbeiter kann jederzeit informieren und absichern. Die Vorlageprozesse werden als Baum für jeden neuen Betrieb/Kunden abgespeichert und wachsen automatisch mit jedem Schritt. Somit ist jeder einzelne Prozessschritt dokumentiert und nachzuverfolgen.

**Beispiel Kalkulation**

- Aus der Kalkulation wird das Budget erstellt, welches dann in das Recruiting und in die Gebietsleitungen weitergeleitet wird.
- Das Qualitätsmanagement kann aus der Kalkulation die Aushänge und Preislisten entnehmen.
- Die Gebietsleitung kann mithilfe der Kalkulation Mitarbeiter- und Lieferantengespräche anstoßen.

Entsprechende Dokumente, Kalkulationen oder Formulare können somit von allen Beteiligen nachverfolgt werden. Ein Ticketing-System vergibt die Aufgaben und Termine und überwacht deren Einhaltung. Die Erinnerungsfunktion reduziert zeitraubende Rücksprachen und fördert die schnelle und reibungslose Bearbeitung.

Als Alex S. Rusch (Jahrgang 1969) 1994 in der Schweiz seinen Hörbuchverlag gründete, war alles noch langsamer als heute. Es gab noch kein Internet und etwa die Hälfte der Bestellungen kam per Briefpost. Die Kunden waren mit einer Antwort innerhalb von einer Woche zufrieden. Inzwischen sorgt das World Wide Web dafür, dass Produkte und Dienstleistungen „weltweit" zur Verfügung stehen und der Kunde sich jederzeit einen schnellen Überblick verschaffen kann. Die Unterscheidung liegt somit weniger im Produkt als in der Qualität und Kundenorientierung. Hierbei spielen Schnelligkeit und Verbindlichkeit im Kundendialog eine zunehmend wichtige Rolle.

*Best Practice: Hörbuchverlag*

In der Summe bedeutet dies, dass man heutzutage weit mehr tun muss, um den gleichen Umsatz zu erzielen. Auch die Schweizer Verlagsgruppe steht in der Pflicht, sich fortwährend neu zu erfinden. Es gilt grundsätzlich: Was heute gut ist, kann morgen schon alt sein. Ständig müssen neue Produkte und Angebote lanciert und das Marketing adaptiert werden. Von der Idee zur Umsetzung darf nicht zu viel Zeit verstreichen. Es heißt, sich jeden Tag aufs Neue die Frage zu stellen: „Haben wir unsere Prozesse optimal gelöst?" Insbesondere bei den Lieferzeiten sind die Kunden anspruchsvoller. Da, wo der Kunde seine Ware schnell bekommt, wird er bestellen. Deshalb wurde bei Rusch 2015 das Verlagslager an ein Fulfillment-Center outgesourct, sodass die Lieferzeit für die meisten Bestellungen nur noch 24 Stunden beträgt. Alle Bestellungen, die vormittags eingehen, werden noch am gleichen Tag per DHL verschickt. Das begeistert Kunden.

*Was heute gut ist, kann morgen schon alt sein*

Immer da, wo Ihr Kunde wartet, stellt Geschwindigkeit einen Wettbewerbsvorteil dar.

Egal, ob er bereits im Laden steht, am Telefon wartet, eine E-Mail verfasst hat. Wer hier schnell reagiert, hat immer die Nase vorn. Dabei ist es unerheblich, ob das Problem / die Anfrage bereits final gelöst werden kann. Wichtig ist das Signal:

12. Per Autopilot zum Start-Ziel-Sieg

„Lieber Kunde, ich kümmere mich um dein Anliegen!" Der Kunde möchte natürlich am liebsten „24/7" jemanden erreichen. Daher ist es egal, ob der Kundenkontakt über E-Mail, Social Media oder Telefon zustande kommt, der Dialog muss auf allen Kanälen funktionieren.

**Technische Voraussetzungen für CRM schaffen**

Dies macht es beispielsweise erforderlich, neue Technologien, wie etwa ein Ticket-System, einzusetzen. Hierbei muss eine Antwort zwingend in weniger als 24 Stunden erfolgen. In Amerika gibt es bestimmte Firmen, bei denen man im Online-Chat sofort Antworten bekommt. Auch das Schweizer Unternehmen Rusch ist fortwährend dabei, seine Mitgliedschaftsplattform zu optimieren, um noch mehr zu automatisieren. Anhand einer Statistikfunktion lässt sich beispielsweise auswerten, wie schnell ein Team Anfragen beantwortet. Rusch selbst erhält jeden Abend um 20.00 Uhr eine von einer Reporting-Software generierte E-Mail mit den Tagesberichten seiner Mitarbeiter. Dabei hilft es ihm, sein leistungsfähiges CRM-System durch externe Support-Firmen in einem fortlaufenden Prozess an interne Abläufe anzupassen. Die technischen Voraussetzungen für die Automatisierung zu schaffen stellt eine entscheidende Schlüsselaufgabe für die Zukunft dar.

### Take-aways

- Identifizieren und kontrollieren Sie die entscheidenden Prozesse in Ihrem Unternehmen.
- Erstellen Sie ein Handbuch mit allen erforderlichen Checklisten.
- Schaffen Sie die Grundlagen für eine erfolgreiche Vervielfältigung Ihres Unternehmenserfolgs unabhängig von Ihrer Person.

# Boxengasse

## Toolbox und Anhang

### Der vollständige Werkzeugkoffer für das Tempo-Tuning

# 13. Speed-Booster

Welche Werkzeuge Ihnen helfen, richtig Fahrt aufzunehmen

*„Nur Geschwindigkeit hat Einfluss auf Zeit."*
JEROME ANDERS
(KÜNSTLER UND PHILOSOPH, *1975)

**Worum geht´s?**

- Welche technischen Voraussetzungen Sie schaffen sollten
- Womit Sie Ihr Tempo beschleunigen können
- Welche Werkzeuge Ihnen am besten helfen

13. Juli 2014 – 23:13 Uhr. Rio de Janeiro. Brasilien. Im Maracana-Stadion verfolgen 74 738 Zuschauer das packende Finale der Fußballweltmeisterschaft. Es läuft die 113. Minute. Mario Götze erzielt das entscheidende 1:0 für Deutschland. Und sichert der DFB-Elf unter der Regie des Bundestrainers Joachim „Jogi" Löw damit den vierten Weltmeistertitel! Erinnern Sie sich an diesen Moment? Die Freude. Die Erleichterung. Und anschließend das bange Warten auf den Schlusspfiff. Emotionen pur. Natürlich – ein Sport wie Fußball lebt von Dynamik und Tempo. Und doch ist das, was während jedes einzelnen Spiels auf dem Platz passiert, nur das Ergebnis intensiver Vorbereitung und kontinuierlicher Unterstützung. Bei einem solchen Turnier – mit nur wenigen Stunden zwischen den einzelnen Spielen – ist die Geschwindigkeit der Datenaufbereitung ein wesentlicher Mosaikstein für den Erfolg.

**Das bange Warten auf den Schlusspfiff**

**Best Practice: Software**

Auf dem Weg zum Weltmeistertitel 2014 spielte das Programm „Hana" des Software-Riesen SAP eine gewichtige Rolle. In einer umfangreichen Datenbank wurden sämtliche Daten aller teilnehmenden Mannschaften und Spieler gesammelt. Durch „SAP Match Insights für Fußball" konnte sich die Nationalmannschaft in einem noch nie da gewesenen Umfang auf die kommenden Spiele vorbereiten. So war es dem Team möglich, durch die Software riesige Datenmengen zu analysieren, um das Training anzupassen und sich auf zukünftige Spiele einzustellen. Integrierte Videosequenzen verdeutlichen taktische Ansätze und Knackpunkte. So konnte sich jeder einzelne Spieler bestmöglich auf die kommende Aufgabe vorbereiten und wusste genau um die Stärken und Schwächen des Gegners – und des direkten Gegenspielers.

*„In der heutigen Welt des Sports suchen Mannschaften stets nach innovativen Möglichkeiten, um dem Gegner einen Schritt voraus zu sein. Wir haben eines der erfolgreichsten Teams der Welt. Der DFB setzt alles daran, die deutsche Nationalmannschaft mit der besten Technologie zu unterstützen, damit wir unsere Leistung maximieren können"*, führt Oliver Bierhoff, der Manager der Nationalmannschaft, aus.

Sicher kennen Sie diese Situation: Sie sitzen vor dem Rechner und warten darauf, dass er hochfährt, dass Reports oder Berichte erstellt, Auswertungen vorbereitet werden. Können Sie sich vorstellen, wie viel Zeit in Großunternehmen und Konzernen verloren geht, weil riesige Datenbanken einfach ihre Zeit brauchen, um sich zu synchronisieren und die gewünschten Ergebnisse zu liefern?

Hasso Plattner, Mitgründer und Aufsichtsratsvorsitzender des Software-Riesen SAP, war dieser Zeitverlust schon immer ein Dorn im Auge. Vor allem, weil er sein Produkt betraf, wie Kundenumfragen ergaben. Die Lösung erschien ihm völlig klar und einfach zu sein: Wenn verschiedene Datenbanken zusammengefasst werden, redundante (also doppelt vorhandene) Daten dadurch vermieden werden, die Datenbank dann auch noch im (deutlich schnelleren) Arbeitsspeicher laufen würde ... dann wären unendliche Wartezeiten ein für alle Mal Geschichte. Und so forcierte er mit Nachdruck die Entwicklung einer solchen Datenbank. Das Ergebnis: SAP-Hana.

Hana arbeitet mit einer solchen Dynamik, dass vielen Anwendern beinahe schwindelig wurde. Dies sorgte auch für Skepsis. Viele Unternehmen scheuten die Investition mit der Begründung, Geschwindigkeit sei eben nicht so wichtig. Eine recht oberflächliche Betrachtung. Der Wirtschaftsinformatiker Steffen Schäfer, der sich intensiv mit dem Thema Business Intelligence beschäftigt, sagt über Hana: „*Schaut man sich die Funktionsweise detailliert an, dann gelangt man zu überraschenden Ergebnissen. Denn mit der Entscheidung für Hana als Basis für Anwendungen können Betriebskosten gesenkt, Projektlaufzeiten verkürzt und Geschäftsprozesse beschleunigt werden. Auch die Integrationsfähigkeit mit anderen Systemen ist ein großes Plus von Hana.*"

**Datenbanken zusammenfassen**

Wie wichtig ein solcher Ansatz ist, zeigen die zufriedenen Reaktionen der Kunden, die sich mehr und mehr in die Lage versetzt sehen, dem Wettbewerb einen Schritt voraus zu sein. Denn oft sind es genau die kleinen Zwischensprints, die über Sieg oder Niederlage entscheiden.

### Vereinfachen Sie Ihren Workflow

Aber auch kleine und mittlere Unternehmen können von neuen Lösungen profitieren, die den Arbeitsalltag vereinfachen und angenehmer gestalten. So bietet beispielsweise Philips jedermann einen Zugang zu einer Reihe innovativer Funktionen, die bis dato eher den Vorständen von Großunternehmen vorbehalten waren: zum Beispiel eine persönliche Assistenz, die fristgerecht und zuverlässig Dokumente wie Angebote, Rechnungen und Gesprächsprotokolle erstellt. Die Cloud-Diktier-Lösung Speech-Live bietet Benutzern volle Kontrolle über ihre Dokumentenerstellung sowie einen Schreibservice – überall und zu jeder Zeit.

**Praxis-Transfer**

Nutzen Sie ein Diktiergerät

Verwenden Sie ein Diktiergerät oder zumindest eine entsprechende App für Ihr Smartphone. Ein Diktiergerät ist schnell, flexibel und effizient. Damit lassen sich grundsätzlich Notizen an jedem Ort und zu jeder Zeit festhalten: von der Arbeitsanweisung über den Antwortbrief bis zu Ihren Ideen für einen Vortrag. Übertragen Sie diese Notizen regelmäßig in Schriftform, um sie zu erledigen oder abzulegen.

Digitale Transformation, Virtualisierung, Cloud oder Mobile Computing – in der IT-Branche wird gerne und ausführlich über die großen Trends gesprochen. Vergessen wird dabei allzu oft, dass all die tollen neuen Techniken nur dann etwas bringen, wenn sie effizient genutzt werden. Doch manchmal sind es nicht die neuen Technologien, sondern unspektakuläre Maßnahmen, die das Arbeitsleben erleichtern. Wie beispielsweise ein simples Software-Update. Oder optimierte Business-Prozesse.

Die Unternehmensberatung AWA (Advanced Workplace Alliance) fordert in einem ihrer Blogbeiträge sogar, man solle die Effizienz der Mitarbeiter messen. Man benötige einen „Director of People Effectiveness", der unter anderem darüber wacht, dass die Kollegen optimale Technik für ihre Arbeit zur Verfügung gestellt bekommen. Die Marktforscher von Gartner beschäftigen sich ebenfalls seit Jahren mit dem Thema und veranstalten dazu die Konferenz „Digital Workplace Summit". Da geht es unter anderem um die optimale Gestaltung des digitalen Arbeitsplatzes.

Updates — Die Effizienz am Arbeitsplatz lässt sich oft bereits durch ein Software-Update verbessern. Dass bessere Software bessere Ergebnisse bringt, klingt banal. Offenbar wird diese Erkenntnis aber von vielen Unternehmen nicht beherzigt. Ein Viertel der befragten Unternehmen gibt in einer Studie aus dem Jahr 2014 an, Software noch nie erneuert zu haben.[17] Fast ein Drittel (32 Prozent) überprüfen ihre Softwareanforderungen höchstens einmal pro Jahr. Als Grund für die nachlässige Handhabung von Software-Updates geben 52 Prozent an, dass einfach das Geld dafür fehle. 41 Prozent haben keine Zeit, sich mit dem Thema zu befassen. Und satte 58 Prozent kennen sich nach der Studie nicht genug aus, um den Nutzen aktueller Software festzustellen.

**Praxis-Transfer**

Upgraden Sie Ihre Technik

Modernisieren Sie Ihr Arbeitsmaterial: ein neuerer Computer, ein besseres Smartphone, aktuellere Software oder ein schnelleres Auto.

## Nutzen Sie Clouds zur Zeitersparnis

Mobile Geräte treiben die Nutzung der Cloud voran: Smartphones, Tablets und Laptops unterstützen viele Cloud-Lösungen und -Services unmittelbar. So profitieren sowohl Unternehmen als auch Endnutzer von deren Vorteilen. Grundlegend gewandelt hat sich allerdings die Adaption mobiler Geräte: Waren früher noch Unternehmen die treibende Kraft bei der Einführung spezieller Lösungen, geben jetzt die Konsumenten den Ton an. Lösungen – vor allem auch Cloud-basierte –, die sie im privaten Bereich schon nutzen, sollen auch in Unternehmen verwendet werden. Mit dem Ziel, die Produktivität zu steigern.

*Daten ortsunabhängig von jedem Gerät abrufen*

Cloud und Mobilität sind eng vernetzt, primär deswegen, weil viele mobile Dienste über die Cloud abgewickelt werden. Im Kontrast zu vergangenen Jahren entwickeln Firmen inzwischen umfassende Mobilitätsstrategien, um einen Mehrwert zu schaffen – die Cloud ist dabei in hohem Maße involviert. Daten und Anwendungen können jetzt ortsunabhängig von jedem Gerät aus abgerufen werden. Die Cloud beeinflusst Flexibilität von Ressourcen und Entwicklungen positiv – dementsprechend entscheiden sich viele Entwickler immer häufiger für die Nutzung von Cloud-Servern.

Der Markt verlangt immer mehr Flexibilität und Unabhängigkeit beim Zugriff auf Daten, egal, von wo aus oder mit welchem Gerät. Dadurch lassen sich Daten in Echtzeit zugänglich machen und Entscheidungen können schneller getroffen werden. Zudem werden Fehler vermieden und Risiken minimiert. Die Verwendung mobiler Geräte ermöglicht Unternehmen ungeahnte Freiheiten und bietet eine Vielzahl an Services über unterschiedlichste Geschäftsbereiche hinweg – darunter Kundendienst, Vertrieb, die Nachverfolgung von Lieferungen oder die Lagerverwaltung. Vor allem aber profitieren Firmen in einer mobilen Cloud-Umgebung von Produktivitätssteigerungen, niedrigeren Kosten, höherer Servicequalität und von der Generierung neuer Einnahmequellen und Geschäftsmodelle.

Sicher – gerade im gesamten Bereich Internet und Mobilfunk ist Geschwindigkeit das Fundament. Stetig wachsende Bandbreiten, rasante Veränderungen im Markt und nicht zuletzt immer kürzer werdende Produktzyklen: Wer hier nicht mithalten kann oder will, verschwindet innerhalb kürzester Zeit von der Bildfläche.

**Best Practice: Telekommunikation**

Einer der größten Anbieter von Telekommunikationslösungen ist 1 & 1. Das Unternehmen wurde 1988 in Montabaur gegründet und ist mittlerweile international tätig. Für den Mobilfunkanbieter und Hosting-Provider arbeiten rund 7000 Menschen. Standen noch bis vor Kurzem allein die Kundenbindung und -zufriedenheit im Fokus, wird dieser heute mit Geschwindigkeit angereichert: Sämtliche Spots enthalten den Slogan „heute bestellt – morgen geliefert!". Geschwindigkeit wird so zum Versprechen. Und zum Alleinstellungsmerkmal. Während die

Wettbewerber in aller Ruhe darauf warten, dass die Kunden zu ihnen in die Shops kommen, um das aktuellste Modell ihres Lieblingsherstellers zu ergattern, geht 1 & 1 in die Offensive.

Doch weshalb rückt das Unternehmen seine Handlungsgeschwindigkeit so in den Vordergrund? Welche Idee steht dahinter? 1 & 1 kann seinen Kunden dank eines eigenen Logistikzentrums klare Leistungsversprechen geben und diese auch einhalten. Beispielsweise kann ein Kunde bis 21 Uhr einen Mobilfunkvertrag abschließen und das Endgerät bereits am nächsten Morgen in den Händen halten. Auch defekte Geräte werden innerhalb eines Tages kostenlos ersetzt. Und das sogar, wenn der Defekt erst um 20 Uhr gemeldet wird.

Im Jahr 2014 stemmte das Unternehmen rund 4,5 Millionen Sendungen. Durch das Logistikzentrum ist 1 & 1 sogar in der Lage, seine Leistungsversprechen stetig zu erweitern, und damit für die nächsten Jahre bestens aufgestellt. Zwar ist Logistik nicht das Kerngeschäft, mittlerweile jedoch eine absolute Kernkompetenz.

### Umgehen Sie den Zeitfresser Texterstellung

Die Arbeit mit Textdokumenten gehört bei kleinen Unternehmen zu den größten Zeitfressern im Büro. Das behauptet zumindest eine Studie des Softwareherstellers Nuance. Um die Argumente für die eigenen Produkte zu untermauern, hat das Unternehmen eine Studie[18] in Auftrag gegeben, deren Ergebnisse interessant sind. Die Hauptaussage ist, dass kleine und mittlere Unternehmen (KMU) gerade beim Erstellen und Verwalten von Dokumenten eine Menge Zeit verlieren. Dazu gehört insbesondere die Bearbeitung von Texten aller Art, wie etwa von Berichten, Verträgen, Werbematerial und anderem mehr. Grundlage für die Ergebnisse ist die Befragung von 757 kleinen und mittleren Unternehmen in Deutschland, Frankreich und Großbritannien.

**Lösungs-Tool Spracherkennungssoftware**

38 Prozent der Unternehmen wenden täglich im Durchschnitt zwei Stunden für die Bearbeitung von Dokumenten auf. Zehn Prozent wenden sogar mehr als fünf Stunden pro Tag dafür auf. Laut Nuance ist Spracherkennung beim Texten eine gute Möglichkeit, um die Produktivität zu steigern. Doch in Deutschland nutzen bislang nur 14 Prozent Spracherkennung am Arbeitsplatz. Eine gut eingespielte Software erreicht ohne Weiteres Erkennungsraten um die 98 Prozent. Zudem macht das Programm keine Rechtschreib- und keine Tippfehler.

Eine wichtige Rolle spielt bei der Textverarbeitung, ob der Anwender beim Tippen das 10-Finger-System beherrscht. Wenn ja, bringt das Diktieren nicht so viel, wenngleich es deutlich schneller vonstattengeht als das Tippen. Wer dagegen in seiner Jugend den Tippkurs in der Schule geschwänzt hat, seitdem mit zwei bis fünf Fingern in die Tasten hackt und sich dabei vielleicht noch häufig vertippt, der ist ein idealer Kandidat für Spracherkennung. Hier kann die Software große Vorteile bringen. Statt drei Stunden zu tippen eine Stunde zu sprechen und so zwei Stunden an freier Zeit zu gewinnen, wer will das nicht? Mit Spracherkennungssoftware ist das möglich.

**Dreimal so schnell wie Tippen**

In Vergleichstests kam heraus, dass man durch Sprechen um 2,83-mal schneller ist als beim Tippen. Es ist schon sehr verlockend, dem Computer einfach sagen zu können, was er tun beziehungsweise schreiben soll. Etwa ab der zweiten Hälfte dieses Buches habe ich zu diesem Zweck ebenfalls Spracherkennungssoftware eingesetzt. Zwei Vorteile kamen mir dabei besonders zugute:

- Wenn ich ein Buch schreibe, dann habe ich stets jede Menge Recherche-Material vor mir liegen. Beim Tippen muss ich das immer weglegen und wieder zur Hand nehmen. Beim Sprechen kann ich diese Zettel, Skripte und Bücher auch weiterhin in der Hand halten und sogar umblättern oder weglegen, ohne das Sprechen einstellen zu müssen.

- Noch ein Vorteil: Kein Vertippen mehr und auch keine Rechtschreibfehler, denn die Spracherkennungssoftware schreibt automatisch alles richtig. Allerdings, so ehrlich muss man sein, handelt es sich hier nur um einen kleinen Vorteil, denn nicht immer versteht einen die Spracherkennungssoftware zu 100 Prozent richtig. Das Korrekturlesen erspart man sich also in keinem Fall.

Bevor Sie sich Spracherkennungssoftware zulegen, müssen Sie sich über ein paar Punkte im Klaren sein. So habe ich beispielsweise nicht das gesamte Buch mit Spracherkennungssoftware erstellt, weil ich es einfach liebe, auch an anderen Orten als dem Büro zu schreiben, etwa im Café, im Garten usw. Mit Umgebungsgeräuschen kann die Software allerdings nicht allzu gut umgehen. Wenn der Nachbar den Rasen mäht, während Sie sprechen wollen, wird das ein Problem. Auch in Großraumbüros ist ein Einsatz schwierig.

**Grenzen der Spracherkennungssoftware**

Aber auch wenn Sie kein Buch schreiben, bietet die Lösung einige Vorteile:

**Hauptvorteile von Spracherkennungssoftware**

- Sie können Ihre Gedanken unterwegs mit einem digitalen Diktiergerät aufzeichnen und die Audiodateien beim Anschließen an den PC in Text umsetzen lassen.
- Diktieren Sie Text überall dort, wo Sie ihn normalerweise tippen würden. Das sorgt für maximal produktives Arbeiten.

**Einige Anwendungsbeispiele:**

- Blogartikel
- Bücher
- Zusammenfassungen von Büchern, die Sie gelesen haben und aufarbeiten wollen
- Vorträge und Handouts

- Mitschriften
- Briefe und E-Mails
- Memos
- Berichte
- Protokolle
- und vieles mehr

**In Einarbeitung investieren**

Die Produktivitätssteigerung funktioniert aber nur unter bestimmten Voraussetzungen. Entscheidend ist die Bereitschaft, Zeit zu investieren. Während der Einarbeitungsphase sind Sie sicher nicht dreimal schneller, sondern vermutlich sogar eine Spur langsamer. Zwar wünscht man sich von einer Software grundsätzlich, dass man sie installiert und dann alles wie am Schnürchen läuft, diese Erwartungshaltung ist bei Spracherkennungssoftware jedoch fernab jeglicher Realität. Zwar hat sie nach der Installation und den ersten Sprachübungen schon eine sehr hohe Erkennungsrate, aber wirklich gut wird sie erst, wenn man ein paar Stunden damit gearbeitet hat. Ich rate ihnen, anfangs vor allem E-Mails und kurze Berichte oder Briefe damit zu schreiben. Macht die Spracherkennungssoftware einen Fehler, bessern Sie diesen aus und das Programm merkt sich Ihre Aussprache für das betreffende Wort. Beim nächsten Mal wird es dann richtig geschrieben. Aber Achtung: Sie müssen diese Ausbesserungsarbeiten gemeinsam mit der Spracherkennungssoftware machen. Wenn Sie die Software ausschalten und dann die Korrektur machen, kann es natürlich keinen Lerneffekt geben und die Fehlerquote bleibt gleich.

Korrigieren Sie die Spracherkennungssoftware hingegen regelmäßig, wird die Fehlerquote sehr schnell geringer werden. Und nach ein paar Stunden Einarbeitungszeit läuft es dann wie geschmiert. Zudem ermöglicht das persönliche Wörterbuch ein einfaches Hinzufügen von Wörtern und Sätzen, die der speziellen Fachterminologie des jeweiligen Unternehmens, etwa eines Finanzdienstleisters, einer Anwaltskanzlei oder eines Effizientertainers, entsprechen. Die Fachbegriffe werden präzise erkannt.

Um die Produktivität Ihrer Mitarbeiter zu steigern, sollten Sie leistungsstarke Spracherkennungssoftware an jedem Arbeitsplatz bereitstellen. Mithilfe der Software Dragon NaturallySpeaking 13 Professional lassen sich auch spezifische Geschäftsszenarien optimieren: Fortgeschrittene Anwender nutzen sie beispielsweise, um einfache Sprachbefehle festzulegen, mit denen sich wiederholende Workflow-Prozesse automatisieren lassen. Diese Befehle lassen sich ebenso wie das Wörterbuch zentral festlegen und können damit von mehreren vernetzten Mitarbeitern verwendet werden. So können Mitarbeiter allein durch Sprache Dokumente erstellen und bearbeiten oder E-Mail-Nachrichten verfassen und versenden.

**Break-even**

Die deutschsprachige Vollversion der Software des Marktführers (Dragon NaturallySpeaking) ist zu einem Preis von etwa 900 Euro erhältlich. Die schlankere Einzelplatzversion gibt es deutlich günstiger. Der Kauf rentiert sich spätestens nach einem Monat: Schon bei einem eigenen Stundenlohn von „nur" 30 Euro haben Sie nach 15 Stunden Sprechen statt 45 Stunden Tippen die Kosten eingespielt, da die Zeitersparnis von 30 Stunden dann 900 Euro beträgt. Unternehmen suchen ständig nach Wegen, ihre Produktivität zu steigern. Es gibt nicht viele Tools, die Ihnen zwei Drittel Ihrer Zeit einsparen können. Spracherkennungssoftware zählt dazu. Ich möchte sie auf keinen Fall mehr missen und bin damit hoch zufrieden.

**Warum das Zubehör extrem wichtig ist**

Je deutlicher und klarer Ihr Sprachsignal bei der Software ankommt, umso besser wird diese arbeiten. Das bedeutet, dass Sie beim Zubehör unbedingt auf Qualität achten müssen. Es empfiehlt sich, aufgrund der besseren Erkennungsrate ein Tischmikrofon anstelle eines Headsets zu verwenden. Noch besser ist natürlich ein Digital-Rekorder, mit dem Sie auch ortsungebunden aufnehmen können.

# Weitere Tools und Links zur Steigerung Ihrer Produktivität

## Ablenkungen ausschalten:

**Now do this**                www.nowdothis.com
Einfache Web-Applikation, die die Punkte einer selbst editierbaren To-do-Liste einzeln auf dem Bildschirm anzeigt und damit den Anwender dabei unterstützt, ohne Ablenkung zielführend an seiner jeweils fälligen Aufgabe zu arbeiten.

## Autoresponder:

**Follow-up-Mailer**            www.followupmailer.de
Einfache und kostengünstige Software für den automatisierten Versand von Informationen per E-Mail nach frei definierbaren Regeln zur Gewinnung und Bindung von Kunden beziehungsweise Interessenten.

## Besprechungscounter:

**Meeting-Ticker**        http://tobytripp.github.io/meeting-ticker
Hilfreiches Tool zur Visualisierung der in einem Meeting entstehenden Kosten für die anwesenden Teilnehmer. Lässt sich direkt einblenden und hilft dabei, viele Meetings erheblich abzukürzen.

## Buchzusammenfassungen:

**getAbstract**                 www.getabstract.de
Professioneller Dienst für die Zusammenfassung von Sachbüchern in verschiedenen Formaten zum Lesen und Hören, mit umfassendem Archiv zahlreicher wirtschaftsrelevanter Themenbereiche.

## CRM-Software:

**CAS-PiA**                         www.cas-pia.de

Kostengünstige online-basierte CRM-Software mit zahlreichen Features, die es Klein- und mittelständischen Unternehmen ebenso wie Selbstständigen und Freiberuflern ermöglicht, den regelmäßigen Kundenkontakt auf professioneller Ebene zu pflegen.

## Konzentration steigern:

**Focus Booster**                www.focusboosterapp.com

On- oder offline einsetzbares Tool, das die Vorteile eines Countdowns zur konzentrierten Arbeit im Stile eines Küchenweckers einschließlich definierter Pausenzeiten auf dem Bildschirm hör- und sichtbar macht.

## Online-Speicherplatz:

**Dropbox**                         www.dropbox.com

Kostenfreier, webbasierter Speicherplatz für das Teilen von Dateien, Fotos usw. Die beliebig zu benennenden Ordner können individuell freigegeben werden, sind von jedem Rechner mit Internetanschluss erreichbar und synchronisieren sich – auf Wunsch – automatisch.

## Virtuelle Assistentin:

**Früher Feierabend**             www.frueherfeierabend.de

Assistenz-Service, der verschiedene externe Dienstleistungen mit nur einem Ansprechpartner vereint und sich somit für das Auslagern zahlreicher hochwertiger Aufgaben eignet. Damit kann teilweise auch das Sekretariat oder Backoffice ersetzt werden, ohne Personalkosten zu verursachen.

Weitere Tools finden Sie unter:
www.schneller-als-die-konkurrenz.de

### Take-aways

- Schaffen Sie die technischen Voraussetzungen für eine weitestgehende Automatisierung wiederkehrender Prozesse.
- Stellen Sie den unternehmensweiten Zugang zu hilfreichen Tools und Werkzeugen sicher, um eine einheitliche Basis zu schaffen.
- Aktualisieren Sie Ihre Software regelmäßig.

# 14. Blitzstart

## So bringen Sie die PS auf die Straße

*„Schnelligkeit ist ein Erfolgsfaktor. Sie scheint mit allen großen Erfolgen Hand in Hand zu gehen."*

BRIAN TRACY (US-AMERIKANISCHER ERFOLGSTRAINER UND BESTSELLERAUTOR, *1944)

### Worum geht´s?

- Was die Zukunft bringen wird
- Wer für die kommenden Ergebnisse verantwortlich ist
- Wie Sie vom Wissen zum Tun gelangen

Sein Unternehmen nicht auf Geschwindigkeit auszurichten bedeutet, kurzfristig eine Chance zu verpassen, mittelfristig einen Trend zu ignorieren und langfristig vom Markt zu verschwinden.

Wird denn alles noch schneller werden? Ja.

„Aber was ist, wenn das alle machen? Dann ist es doch kein Alleinstellungsmerkmal mehr!", höre ich Sie entgegnen. Das stimmt im Grunde. Aber lassen Sie mich Ihnen anvertrauen: Sie dürfen sich in Sicherheit wiegen. Das wird nicht passieren. Denn auch wenn es relativ einfach ist, einige Änderungen vorzunehmen, um Ihr Unternehmen auf Geschwindigkeit auszurichten – noch einfacher ist es, alles so zu lassen wie bisher. Und damit kurzfristig eine Chance zu verpassen, mittelfristig einen Trend zu ignorieren und langfristig vom Markt zu verschwinden.

**Einfach heißt nicht leicht**

Allerdings heißt „einfach" noch lange nicht „leicht". Ihr Unternehmen derart grundlegend auf Geschwindigkeit auszurichten ist ein Unterfangen, das schier ungeahnte Dimensionen annehmen kann. Das bei Ihrer persönlichen Einstellung beginnt, sich auf die Haltung Ihres Teams ausweitet und sich schließlich auf sämtliche internen Prozesse erstreckt. Und Sie in bislang unerreichte Bereiche vordringen lässt. Belohnt werden Sie mit einem Strom an loyalen Kunden, von dem Sie bislang nicht zu träumen wagten.

Doch viele Menschen erstarren in Untätigkeit, weil sie beginnen, zu analysieren, was sie tun sollten, anstatt es einfach zu tun. Gerade in Sachen Produktivität gilt: Sie werden nicht dafür bezahlt, die Dinge zu planen, sondern dafür zu sorgen, dass sie erledigt werden. Glauben Sie an Ihren Erfolg. Setzen Sie sich hin und tun Sie, was zu tun ist.

**Praxis-Transfer**

Tun Sie es gleich

Machen Sie „postwendend" zu Ihrem Lieblingswort. Überraschen Sie andere mit Ihrer Schnelligkeit. Handeln Sie so schnell wie möglich.

Je besser es einem Unternehmen gegenwärtig geht, desto gefährdeter ist es, sich mit diesem Status zu begnügen. Bleiben Sie hungrig. Streben Sie kontinuierlich danach, besser zu werden. Es liegen immer Potenziale brach.

**Nicht träumen, machen**

Alle Inhalte dieses Buches sind wertlos, wenn wir sie nicht umsetzen und nichts tun. Vieles wird sich finden und von alleine lösen, wenn wir nur beginnen und aktiv sind. Aber alles bleibt graue Theorie, wenn Sie nicht auf der Stelle mit der Umsetzung beginnen. Es darf kein Tag vergehen, an dem Sie nicht etwas unternehmen, das Sie Ihren Zielen näher bringt. Es gibt keine perfekte Vorgehensweise und keinen perfekten Zeitpunkt. Handeln Sie einfach!

Falls erforderlich, lassen Sie sich einfach bei der Umsetzung helfen. Gerne vermittle ich Ihnen einen meiner erfahrenen Coaches, der Sie effizient dabei unterstützt, Geschwindigkeit in Ihrem Unternehmen zu implementieren.

### Take-aways

- Sie allein sind für Ihren zukünftigen Geschäftserfolg verantwortlich.
- Der Schlüssel zum Erfolg ist einzig die praktische Umsetzung.
- Packen Sie es an und bleiben Sie dran.

# Anmerkungen

1 Schüler, Bernard: Mittelpunkt 03/2013, S. 4–5

2 http://www.spiegel.de/netzwelt/gadgets/setve-ballmer-keynote-bei-microsoft-entwicklerkonferenz-a-908096.html

3 Jordan, Kirsten; Koch, Iring: Zeit Wissen 1/2007

4 Neubauer, Aljoscha: Intelligenz und Geschwindigkeit der Informationsverarbeitung

5 http://www.spiegel.de/kultur/literatur/hartmut-rosa-beschleunigung-und-entfremdung-a-908140.html

6 Jaeger, Ulrich: http://www.spiegel.de/einestages/40-jahre-concorde-a-948185.html

   Stürmer, Ariane: http://www.spiegel.de/einestages/supersonic-flieger-a-948010.html

   Spaeth, Andreas: http://www.spiegel.de/einestages/concorde-der-letzte-flug-der-fox-bravo-a-951383.html

7 Stauss, Prof. Bernd: Dozent für Absatzwirtschaft und Marketing an der Katholischen Universität Eichstatt in Ingolstadt

8 Groll, Tina: Alles gleichzeitig funktioniert nicht. http://www.zeit.de/karriere/beruf/2012-08/multitasking-gehirnleistung

9 Hofmann, René: Süddeutsche Zeitung vom 5.4.2013 http://www.sueddeutsche.de/sport/boxenstopp-in-der-formel-reifenwechsel-in-zwei-sekunden-1.1640760

   Wikipedia: http://de.wikipedia.org/wiki/Boxenstopp

   Formel1.de: http://www.formel1.de/de/3260/REd+Bull:+Boxenstopp+in+1,8+Sekunden/newsID/1657913

10 Forleo, Marie: http://www.marieforleo.com/2010/07/business-feels-chaotic-missing/

11 Executive Time Use Project der Harvard Business School und der London School of Econimics

12 http://www.kleinezeitung.at/s/lebensart/mulitmedia/4081576/No1oa_Vom-HandyMarktfuehrer-zum-SmartphoneNachzugler

   http://de.wikipedia.org/wiki/Nokia

13 Brux, Norbert: Richard Branson – Der unendliche Unternehmer, Februar 2010

14 Global Office: http://www.global-office.de

15 http://www.avaya.com/de/about-avaya/newsroom/news-releases/2011/pr-20110627/

16 Garfein 1988

17 Toprak, Mehmet: http://www.itespresso.de/2015/03/24/studie-ermittelt-die-zeitfresser-im-buero/, 24.03.2015

18 Marketiers4DC, September 2014

# Literaturverzeichnis
nach Erscheinungsjahr

Koch, Richard: Der 80/20-Entscheider (Campus Verlag, 2014)

Stargardt, Simone & Jochen: Jetzt (Wiley-VCH Verlag GmbH & Co. KGaA, 2014)

Grünwald, Robert; Kopper, Marcel; Pohl, Marcel: Die Turbo-Studenten. Die Erfolgsstory: Bachelor plus Master in vier statt elf Semestern (GABAL Verlag, 2013)

Jekel, Thorsten: Digital Working für Manager: Mit neuen Technologien effizient arbeiten (GABAL Verlag, 2013)

Vašek, Thomas: Work-Life-Bullshit (Riemann Verlag, 2013)

Brandl, Peter: Hudson River. Die Kunst, schwere Entscheidungen zu treffen (GABAL Verlag, 2013)

Geiger, Martin: Zeit. Macht. Geld. Auf der Überholspur zum Erfolg (Business Village, 2013)

Carpenter, Sam: Work the System (Greenleaf Book Group, 2009)

Rosa, Hartmut: Beschleunigung. Die Veränderung der Zeitstrukturen in der Moderne (Suhrkamp Verlag, 2005)

Jensen, Bill: Radikal Vereinfachen: Den Arbeitsalltag besser organisieren und sofort mehr erreichen (Campus Verlag, 2004)

Jennings, Jason & Haughton, Laurence: Schneller als die Konkurrenz erlaubt (Hanser Fachbuchverlag, 2002)

Tracy, Brian: *Eat that frog* (GABAL Verlag, 2002)

Davis, Bob: *Speed is life* (Broadway Business, 2001)

Gleick, James: *Faster – The Acceleration of Just About Everything* (Pantheon, First Edition, 1999)

# Stichwortverzeichnis

1 & 1  166 f.

**A**
Ablaufplanung 152
Adidas 135
Amazon 100
Anerkennung 105
Arbeitsanweisungen 147, 149, 152
Arbeitsbelastung 106
Automatisierung 149

**B**
Branson, Richard 99
Bremsklötze 92, 102
Burda, Hubert F. 144
Bürokratie 95, 103

**C**
Checklisten 148, 151, 153
Cloudcomputing 156, 165 f.
CRM-System 158

**D**
Darboven, Albert 98
Dokumentation 153
Dragon 141, 171

**E**
Effizienz 96, 164
E-Mail 122

Entscheidungsgeschwindigkeit 108
Entschleunigung 114
Erwartungshaltung 124
Europa-Park 126, 129

**F**
Fischer, Mike 142 f.

**G**
Geramöbel 125
Grenke, Wolfgang 138, 139
Gruppendynamik 106

**H**
Hierarchien 140
H & M 100

**I**
Infrastruktur 145
Innovation 162

**K**
Komfortzone 103
Komplexität 94
Kontinuität 93
Kundenorientierung 114, 127

**L**
Leasing 137
Lieferzusagen 123

**M**
Medienbrüche 139
Microsoft 132
Mitarbeitergespräche 143
Motivation 104

**N**
Nokia 89

**O**
Outsourcing 109

**P**
Perfektionismus 49, 133
Philips 163
Plattner, Hasso 162
Produktentwicklung 132
Produktinnovation 134
Produktivität 168
Produktzyklen 135
Prozessoptimierung 153, 164
Puma 135, 137

**Q**
Qualität 28, 37, 96, 115

**R**
Reaktionszeit 90, 120, 123
Real-Time-Kundenbeziehung 120
Recruiting 102

**S**
SAP 162
Sixt 100
Spracherkennungssoftware 168–170

Systematisierung 149

**T**
Talent 67, 146
Teambuilding 106
Training 146
Transaktionszeit 41, 125

**U**
Umsetzungsgeschwindigkeit 96
Unternehmensphilosophie 105, 131, 137

**V**
Verantwortungsübertragung 107
Vivanti 154 f.
Vordenken 146

**W**
Wartezeiten 127
Wertschätzung 120 f.
Wettbewerbsvorteile 96, 115
Wir-Gefühl 108
Workflow 163, 171

**Y**
You fly, we clean 141 f.

**Z**
Zeitmanagement 26, 56 f.
Zeitwahrnehmung 114
Zielorientierung 104, 150
Zuverlässigkeit 88

# Danksagung

Ein herzlicher Dank geht an alle, die – wissentlich oder unwissentlich – zur Entstehung dieses Buches beigetragen haben oder zum Erfolg dieses Buches beitragen werden:

Spezieller Dank gilt meiner gesamten Familie, die in der ein oder anderen Form ebenfalls mehr oder weniger stark eingebunden war, insbesondere meinem Bruder für seine maßgebliche Unterstützung bei der Recherche der zahlreichen Best-Practice-Beispiele.

Ebenfalls gebührt besonderer Dank meinem großartigen Büro-Team Sarah, Ramona und Michaela, die mich wunderbar entlastet und unterstützt haben und ohne die mein Manuskript wahrscheinlich niemals fertig geworden wäre.

Besonders erwähnenswert sind auch die zahlreichen erfolgreichen Unternehmer, die mir ihre Zeit und ihr Vertrauen bei den Recherchen zu den vorliegenden Inhalten geschenkt haben. Sie alle sind damit zu einer Art indirektem Mentor für jeden meiner Leser geworden.

Vielen Dank auch an die großartigen Speaker-Kollegen, die mir mit Rat und Tat zur Seite standen, um diesem Buch zum Erfolg zu verhelfen. Besonderen Dank auch an alle Coaches und Trainer meiner Business & Life Academy sowie an meine Premium-Klienten für die vertrauensvolle Zusammenarbeit.

Und den großartigen Menschen an meiner Seite.

Schön, dass es Euch gibt.

# Über den Autor

Effizientertainer® Martin Geiger hat es sich als Buchautor, Vortragsredner und Coach zur Aufgabe gemacht, seinen Kunden dabei zu helfen, anders zu arbeiten und mehr zu leben. Der gefragte Referent gilt als anerkannter Experte für die Steigerung der persönlichen und unternehmerischen Produktivität. Impulse aus den Vorträgen und Veröffentlichungen des in der Nähe von Baden-Baden lebenden Produktivitätsexperten werden von begeisterten Teilnehmern namhafter Unternehmen in ganz Europa erfolgreich umgesetzt.

Martin Geiger gründete die erste Ausbildung für Coaching per Telefon in Deutschland. Inzwischen ist seine Business & Life Academy das bundesweit größte Lizenzsystem seiner Art.

Seine langjährige Erfahrung in der Führung seines eigenen Unternehmens verleiht ihm selbst in der elitären Riege der Top-Speaker eine Ausnahmestellung. Für seine Verdienste wurde er von der Europäischen Trainerallianz zum Trainer des Jahres gewählt und als internationaler Top-Speaker ausgezeichnet.

Martin Geiger gilt als begehrter Keynote-Speaker, Referent und Vortragsredner, dem es gelingt, seine Zuhörer als mitreißender Sprecher nicht nur gekonnt zu unterhalten, sondern seine Strategien für eine selbstbestimmte Zeitführung auch praxisnah und mit Humor zu vermitteln.

# Möglichkeiten der Zusammenarbeit

**Vorträge mit Martin Geiger:**

**Buchen Sie den Autor als Redner für Ihre nächste Veranstaltung**

Produktivitätsexperte Martin Geiger steht Ihnen auch als Kongressredner, Keynote-Speaker, Gastdozent und Vortrags-Referent zur Verfügung.

Unter dem Motto „anders arbeiten – mehr leben" bereichert ein unterhaltsamer Vortrag des erfahrenen Redners Ihre Veranstaltung durch wertvolle Impulse zu den Themen

- unmittelbare Steigerung beeindruckender Geschwindigkeit
- nachhaltige Verbesserung unternehmerischer Produktivität
- dauerhafter Anstieg persönlicher Lebensqualität

2015 wurde der gefragte Redner von der Europäischen Trainerallianz als internationaler Top-Speaker ausgezeichnet.

Zahlreiche Referenzen belegen das nachhaltige Ergebnis. Begeisterte Zuhörer erzielen eine deutliche Steigerung von Leistung und Lebensqualität!

Das ausführliche Referentenprofil erhalten Sie unter:

www.speaking.martingeiger.com

## Premium-Coaching mit Martin Geiger:

**Machen Sie den Autor zu Ihrem persönlichen Coach**

Arbeiten Sie direkt mit Deutschlands Produktivitätsexperten Nummer 1 und einer begrenzten Anzahl erfolgreicher Unternehmer in einem intensiven einjährigen Coaching an effektiv besseren Ergebnissen.

Regelmäßig führt Martin Geiger mit einer limitierten Anzahl von Unternehmern sein zwölfmonatiges Coaching-Programm durch, um die Stufen seiner Methode in die Praxis zu übertragen.

Ziel ist die Halbierung der Arbeitszeit bei gleichzeitiger Verdopplung der Ergebnisse.

Ob Unternehmer, Freiberufler, Inhaber oder Geschäftsführer: Sichern Sie sich jetzt die Unterstützung des Produktivitätsexperten und arbeiten Sie ein volles Jahr mit Martin Geiger als Ihrem persönlichen Coach!

Schließen Sie sich dem exklusiven Kreis erfolgreicher Unternehmer an und bewerben Sie sich jetzt um einen der frei werdenden Plätze!

Die vollständige Ausschreibung erhalten Sie unter:

www.premium.martingeiger.com

### Martin Geigers Business & Life Academy:

**Absolvieren Sie eine Coaching-Ausbildung beim Autor**

Profitieren Sie von der effizienten Coaching-Methode des Produktivitätsexperten, um Ihre persönlichen Stärken gezielt einzusetzen und damit auch andere Menschen professionell zu unterstützen.

Regelmäßig suchen wir nach Persönlichkeiten, die das erfolgreiche Team selbstständiger Coaches, Trainer und Speaker nach Martin Geiger bereichern.

Entscheiden Sie sich für eine selbstständige Tätigkeit mit der Möglichkeit, Ihre Stärken zu nutzen und andere Menschen aktiv bei deren Entwicklung zu unterstützen.

Nutzen Sie die seit über zehn Jahren bewährte Ausbildung zum Life- oder Business-Coach. Als Absolvent arbeiten Sie im Anschluss mit unserem einmaligen Konzept, um sich neue Märkte zu erschließen, ein zweites Standbein zu etablieren oder Ihr Business um einen profitablen Geschäftsbereich zu erweitern.

Weitere Informationen erhalten Sie unter:

www.academy.martingeiger.com

GABAL | Dein Business

Dein Leben | Dein Erfolg

# Dein Business
Aktuelle Trends und innovative Antworten auf brennende Fragen in den Bereichen Business und Karriere.

Svenja Hofert, Thorsten Visbal
**Die Teambibel**
ISBN 978-3-86936-632-6
D € 29,90
A € 30,80

Katharina Maehrlein (Hrsg.)
**Soul@Work**
ISBN 978-3-86936-631-9
D € 29,90
A € 30,80

Jeannine Halene, Hermann Scherer
**Marketing jenseits vom Mittelmaß**
ISBN 978-3-86936-633-3
D € 49,90 / A € 50,40

Markus Brand, Frauke Ion, Sonja Wittig (Hrsgg.)
**Handbuch der Persönlichkeitsanalysen**
ISBN 978-3-86936-634-0
D € 59,90 / A € 61,60

Chris Brügger, Jiri Scherer
**Denkmotor**
ISBN 978-3-86936-597-8
D € 24,90 / A € 25,60

Markus Jotzo
**Der Chef, den keiner mochte**
ISBN 978-3-86936-594-7
D € 24,90 / A € 25,60

Arno Fischbacher
**Voice sells!**
ISBN 978-3-86936-592-3
D € 24,90 / A € 25,60

Jacqueline Groher
**FührungsKRAFT**
ISBN 978-3-86936-596-1
D € 24,90 / A € 25,60

E-Book  Alle Titel auch als E-Book erhältlich

gabal-verlag.de

# GABAL

Dein Business
Dein Leben
**Dein Erfolg**

## Dein Erfolg
Erprobte Strategien, die Ihnen auf dem Weg zum Erfolg hilfreiche Abkürzungen bieten.

Paul Johannes Baumgartner
**Das Geheimnis der Begeisterung**
ISBN 978-3-86936-590-9
D € 24,90
A € 25,60

Ilja Grzeskowitz
**Die Veränderungs-Formel**
ISBN 978-3-86936-591-6
D € 29,90
A € 30,80

Stephen R. Covey
**Die 7 Wege zur Effektivität**
ISBN 978-3-89749-573-9
D € 24,90 / A € 25,60

Frauke Ion
**Ich sehe was, was du nicht siehst**
ISBN 978-3-86936-595-4
D € 34,90 / A € 35,90

Devora Zack
**Networking für Networking-Hasser**
ISBN 978-3-86936-333-2
D € 24,90 / A € 25,60

Ardeschyr Hagmaier
**Ente oder Adler**
ISBN 978-3-89749-591-3
D € 24,90 / A € 25,60

Barbara Schneider
**Fleißige Frauen arbeiten, schlaue steigen auf**
ISBN 978-3-89749-912-6
D € 19,90 / A € 20,50

Lutz Langhoff
**Die Kunst des Feuermachens**
ISBN 978-3-86936-553-4
D € 29,90 / A € 30,80

Alle Titel auch als E-Book erhältlich

gabal-verlag.de

# Whitebooks

Kompetentes Basiswissen für Ihren beruflichen und persönlichen Erfolg.

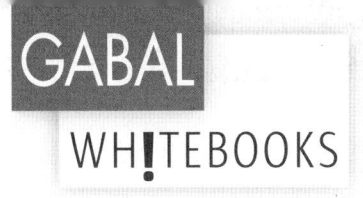

**GABAL WH!TEBOOKS**

**Lothar Seiwert**
**Zeit zu leben**

ISBN
978-3-86936-635-7
D € 19,90
A € 20,50

**Josef W. Seifert**
**Besprechungen erfolgreich moderieren**

ISBN
978-3-86936-639-5
D € 17,90
A € 18,50

**Hans-Georg Willmann**
**Erfolg durch Willenskraft**
ISBN 978-3-86936-638-8
D € 19,90 / A € 20,50

**Peter Brandl**
**Kommunikation**
ISBN 978-3-86936-636-4
D € 19,90 / A € 20,50

**Katja Porsch**
**Verkaufsprofiling**
ISBN 978-3-86936-637-1
D € 19,90 / A € 20,50

**Stefanie Demann**
**Selbstcoaching für Führungskräfte**
ISBN 978-3-86936-603-6
D € 19,90 / A € 20,50

**Katja Ischebeck**
**Erfolgreiche Trainingskonzepte**
ISBN 978-3-86936-602-9
D € 29,90 / A € 30,80

**S. Richter-Kaupp, G. Braun, V. Kalmbacher**
**Business Coaching**
ISBN 978-3-86936-600-5
D € 24,90 / A € 25,60

Alle Titel auch als E-Book erhältlich

gabal-verlag.de

ANZEIGE

# Bei uns treffen Sie Gleichgesinnte ...

... weil sie sich für persönliches Wachstum interessieren, für lebenslanges Lernen und den Erfahrungsaustausch rund um das Thema Weiterbildung.

## ... und Andersdenkende,

weil sie aus unterschiedlichen Positionen kommen, unterschiedliche Lebenserfahrung mitbringen, mit unterschiedlichen Methoden arbeiten und in unterschiedlichen Unternehmenswelten zu Hause sind.

Auf unseren Regionalgruppentreffen und Impulstagen entsteht daraus ein lebendiger Austausch, denn wir entwickeln gemeinsam neue Ideen. Dadurch entsteht ein Methodenmix für individuelle Erlebbarkeit in der jeweiligen Unternehmenswelt.

Durch Kontakt zu namhaften Hochschulen erhalten wir vom Nachwuchs spannende Impulse, die in die eigene Praxis eingebracht werden können.

# GABAL.
## Wissen vernetzen

### Das nehmen Sie mit:

- Präsentation auf den GABAL Plattformen (GABAL-impulse, Newsletter und auf www.gabal.de) sowie auf relevanten Messen zu Sonderkonditionen
- Teilnahme an Regionalgruppenveranstaltungen und Kompetenzteams
- Sonderkonditionen bei den GABAL Impulstagen und Veranstaltungen unserer Partnerverbände
- Gratis-Abo der Fachzeitschrift wirtschaft + weiterbildung
- Gratis-Abo der Mitgliederzeitschrift GABAL-impulse
- Vergünstigungen bei zahlreichen Kooperationspartnern
- u.v.m.

### Neugierig geworden?
Informieren Sie sich am besten gleich unter:

www.gabal.de/leistungspakete.html

GABAL e.V.
Budenheimer Weg 67
D-55262 Heidesheim
Fon: 06132/5095090,
Mail:info@gabal.de